공작부인이 공작한 쉽게 만드는
# 매듭소품

| 김윤정 저 |

아이생각

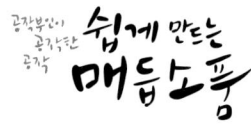

**| 만든 사람들 |**

기획 실용기획부 | 진행 양종엽 | 집필 김윤정 | 편집 디자인 studio Y | 표지 디자인 원은영

**| 책 내용 문의 |**

도서 내용에 대해 궁금한 사항이 있으시면
저자의 홈페이지나 디지털북스 홈페이지의 게시판을 통해서 해결하실 수 있습니다.

아이생각 홈페이지　www.ithinkbook.co.kr
아이생각 페이스북　facebook.com/ithinkbook
디지털북스 인스타그램　instagram.com/dji_books_design_studio
디지털북스 유튜브　유튜브에서 [디지털북스] 검색
디지털북스 이메일　djibooks@naver.com
저자 이메일　12outsider@hanmail.net
저자 인스타그램　younjung.1229

**| 각종 문의 |**

영업관련　digital1999@naver.com
기획관련　djibooks@naver.com
전화번호　(02) 447-3157~8

※ 잘못된 책은 구입하신 서점에서 교환해 드립니다.
※ 이 책의 일부 혹은 전체 내용에 대한 무단 복사, 복제, 전재는 저작권법에 저촉됩니다.
※ 유튜브 [디지털북스] 채널에 오시면 저자 인터뷰 및 도서 소개 영상을 감상하실 수 있습니다.

# 인 사

<공작부인이 공작한 공작>의 코큰공작부인이랍니다.

전통매듭을 배우고 만들고 가르치고를 하다 이제 책까지 내게 되었네요.

대단하신 분들의 멋진 작품들을 생각하면 저의 실력은 우주의 먼지 같은 존재라 느껴져 얼굴이 후끈거리지만, 이렇게 책을 쓰겠노라 용기를 낼 수 있었던 건… 이 책을 통해 어느 누군가는 즐거움을 느끼고 매듭을 사랑하게 되지 않을까 하는 생각이 들어서랍니다.

<공작부인이 공작한 공작>이라는 이름에서도 느껴지시겠지만, 전통을 재밌게, 그렇지만 멋지게 하고 싶은 게 저의 바람이랍니다. 물론, 새로운 도전도 빠질 수 없겠죠. 즐거운 상상과 스토리가 있는 작품들을 선보이는 매듭디자이너이고 싶어요.

이 책의 지적자료는 검증을 거친 인터넷 지식백과를 참고하였답니다. 되도록 쉽게 따라할 수 있는 것들 위주로 내용을 실었습니다. 세상 모든 게 마찬가지겠지만, 매듭은 특히나 정직해서 연습 없이 요령이 생기지 않아요. 보고 따라하다 보면 그 순간은 되지만, 뒤돌아서면 까먹는 게 매듭이기도 하구요. 머리로 이해하는 게 아주 중요해요. 공간을 생각하며 천천히 익히다 보면 어느 순간 손이 저절로 움직이게 될 거랍니다.^^

제가 배웠던 방법에 저만의 팁도 살짝 더했으니 매듭의 매력을 느끼는 데 일조하면 좋겠네요. 여기에선 책으로 가능하다 싶은 선까지만 담았어요. 더 많은 배움을 원하신다면 주저마시고 곳곳에 숨어계신 선생님들을 찾아서 직접 눈으로 보며 듣고 느끼며 배우세요. 그게 제일 빠르고 좋은 방법이랍니다.

남녀노소 활용 가능한 아이템들을 실어보려고 했지만, 모자란 부분은 각자 디자인하며 실력을 키워보시길 바랍니다. 할 수 있다! 아자 아자~!!

# 목 차

인사

작품집

## Part 1. 매듭을 위한 이모저모

| | |
|---|---|
| 매듭이란 | 021 |
| 매듭의 구성 요소 | 023 |
| 매듭에 필요한 도구 | 026 |
| 잠금 방식 | 028 |
| 답비 사용법 | 037 |

## Part 2. 매듭법

| | |
|---|---|
| 외도래매듭 | 043 |
| 도래매듭 | 051 |
| 번데기매듭 | 056 |
| 가락지매듭 | 061 |
| 오벌가락지매듭 | 069 |
| 동심결매듭 | 073 |
| 매화매듭 | 079 |
| 국화매듭 | 086 |

## ⁂ Part 3. 작품 만들기

| | |
|---|---|
| 무한대 팔찌 | 097 |
| 왕가락지 목걸이 | 104 |
| 안경 스트랩 | 107 |
| 꽃고리 | 113 |
| 왕꽃노리개 | 125 |
| 왕꽃코사지 | 132 |
| 딩가딩가 팔찌 | 137 |
| 딩가딩가 목걸이 | 144 |
| Hug 고리 정자매듭 | 149 |
| 짚신도 짝이 있다네 브로치 가로형 8자매듭 | 157 |
| 괴나리봇짐 브로치 | 165 |
| 병마개 | 173 |
| 동심결 장식 | 178 |
| 오벌가락지 받침 감기매듭 | 183 |
| 별똥별 세트 | 188 |
| 연봉매듭 선추 연봉매듭 | 194 |
| 잠자리 책갈피 잠자리매듭 | 205 |
| 운수 좋은 날 브로치 자리매듭 | 213 |
| 마음을 전하는 꽃 한 송이 | 221 |
| 국화 두 송이 목걸이 | 227 |

첫 번째.

매듭을 위한

이모저모

# 매듭이란

한 가닥 이상의 끈을 세 번 이상 교차하며 이루어진 형태나 행위를 칭하며, 인류의 역사와 함께 시작했다고 해도 과언이 아닐 정도로 오랜 역사를 가지고 있다. 고대와 현대 동서양을 막론하고 어디서나 존재하는 보편적인 기술인 매듭은 각 나라의 문화 속에서 다양한 용도와 형태로 발전해 왔다고 할 수 있다.

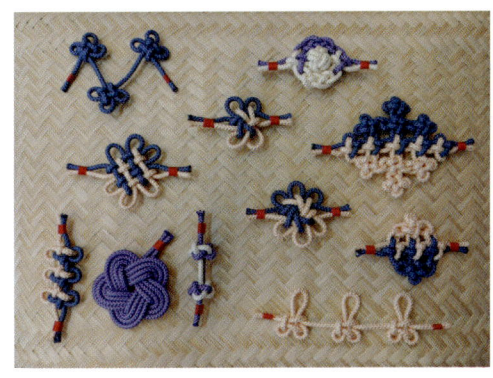

## 특징

한국의 매듭은 수천 년의 역사 속에서 독자적으로 발전했고 조상들의 지혜와 가치를 표현하여 왔다. 문헌이나 유물로는 배우기 어려우며, 오랜 시간 손끝에서 손끝으로 이어서 전해 내려온 전승예술이다(중요무형문화재 22호). 한국매듭은 주체를 매달거나 묶거나 또는 장식하는 데 사용되는 식의 부속역할을 하며 주체를 넘어서지 않는 절제미가 특징이기도 하다. 정적인 기물을 돋보이게 하면서 그 기물에 생명력을 불어넣는 역할을 하기 위해 튀지 않고 화려하지 않다. 한 가닥의 끈목을 반으로 접어 중심을 잡고 질서 있게 엮고 반듯하게 조이는 과정을 통해 이루어지며, 나타나는 특징은 크게 다음과 같다.

첫째, 중심에서 시작하여 중심에서 끝이 난다.

둘째, 좌우대칭의 균형미가 있다.

셋째, 앞뒷면이 같다.

### 🌸 동양매듭

한국, 중국, 일본의 매듭은 유사한 면이 많은데, 모두 한 가닥의 끈으로 엮는다는 것과 몇 가지 기본형 매듭이 대표적인 공통점이다.

중국매듭은 주로 집안을 장식하는 실내장식용 매듭이 많고, 집안에 복을 불러오는 부적으로 사용했다. 생쪽매듭을 응용하여 복과 재물을 뜻하는 한자를 엮는 경우가 많다. 선호하는 색상은 주로 빨강색인데 매듭을 짓고 밑에 술을 길게 늘어뜨리는 것이 주요 특징이다.

일본은 상대적으로 매듭보다 끈이 발전했는데, 이는 기모노의 영향으로 다양한 끈이 필요했기 때문이다. 주로 소품의 장식이나 선물 포장하는 데 사용하며, 한국매듭이 엮고 나서 조이는 과정을 중요히 한 것과 달리 일본은 조이는 과정 없이 느슨하게 엮는 것이 특징이다. 또한 동식물의 형태를 지어 회화적으로 표현하기도 한다.

### 🌸 서양매듭

서양매듭의 큰 부분을 차지하고 있는 마크라메는 여러 가닥의 실을 평면에 고정해두고 엮어가는 데 특징이 있다고 할 수 있다. 동양매듭이 수직형태로 구성한 것에 비해 서양매듭은 수평형태로 구성하며 반복적으로 엮거나 묶어서 패턴이나 문양을 만드는 경우가 많다. 하지만 이러한 마크라메 식의 매듭을 서양에서만 사용한 것은 아니다. 한국에서도 예복을 늘어뜨리는 후수나 술 장식 등에 이러한 매듭을 사용하기도 했다.

# 매듭의 구성 요소

###  끈목(다회)

매듭을 하기 위해서는 우선 끈목이 필요한데, 이 끈목은 여러 가닥의 실을 합사하여 짠다. 이렇게 짠 끈을 다회라고도 하며, 폭이 넓고 납작한 광다회와 둥근 형태의 원다회가 있다. 광다회는 주로 의복에 두르는 허리띠로 사용하였으며, 원다회는 노리개, 주머니끈, 유소를 만드는 등 다양하게 사용하였다.

합사한 실의 개수에 따라 4, 8, 12, 16, 24, 32사 등으로 분류된다. 광다회의 기초 조직인 12사는 납작한 평직이고, 원다회는 4, 8사 등이 있으며 8사 이상은 두세 사람이 마주앉아 가닥을 돌려치며 짜는데 이를 '다회친다'라고 하였다. 여러 궁과 각사에서 쓸 수 있는 매듭과 끈목의 수요를 충족시키기 위해 일정한 수의 장인을 궁과 사에 예속 시키기도 했다.

끈목을 만드는 과정은 누에고치에서 실을 뽑고, 찌고, 염색하고, 말리고 꼬는 등의 수십 가지의 복잡하고도 고된 과정을 거쳐야 하지만, 현대에는 손으로 짜는 대신 기계로 짠 끈목이 다양하게 용도별로 시판되고 있어 간편해졌다.

여기서는 기계로 짠 끈목 몇 가지와 매듭에 활용하기 좋은 끈 몇 가지를 담았다. 그 외에도 사용할 수 있는 끈의 종류는 너무도 다양하기 때문에 용도와 분위기에 맞는 끈들의 특성을 잘 살려서 활용해 보기 바란다.

| | | | |
|---|---|---|---|
| 1. 세세사 | | 0.9mm | |
| 2. 목걸이끈 | | 1mm | |
| 3. 소사 | 원다회 | 1.7mm | |
| 4. 중중사 | | 1.9mm | |
| 5. 중사 | | 2.8mm | |
| 6. 천끈 | | 4mm | |
| 7~9. 가죽끈 | | 1~3mm | |
| 10. 사각끈 | 광다회 | 6mm | |

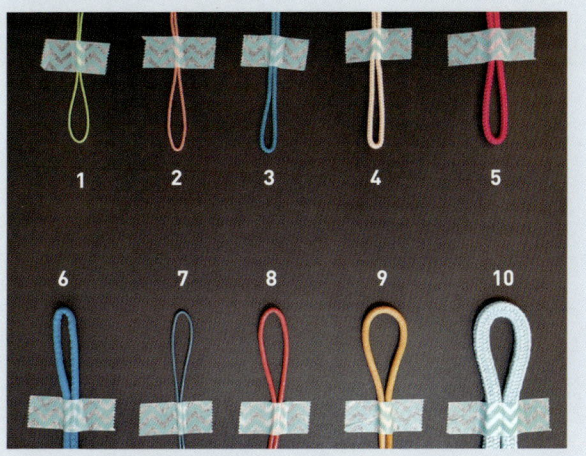

 매듭

한국 매듭은 긴 끈을 반으로 접어 두 가닥의 끈을 한 번씩 번갈아가며 맺는다. 규칙에 따라 맺고 송곳으로 조여서 완성하며, 하나의 매듭을 완성한 후에 다음 매듭을 맺어 전체적으로 위에서 아래로 구성되는 수직의 형태를 띤다. 지금까지 전해져 내려오는 매듭의 종류는 30여 가지가 있으며 각각의 독특한 아름다움을 지니고 있다. 우리가 늘 보고 접하는 물건이나 자연의 형태에서 따온 이름이 많고, 같은 매듭일지라도 지역에 따라 조금씩 명칭이 달랐다.

※전통매듭과 알아두면 유용한 매듭 기법들

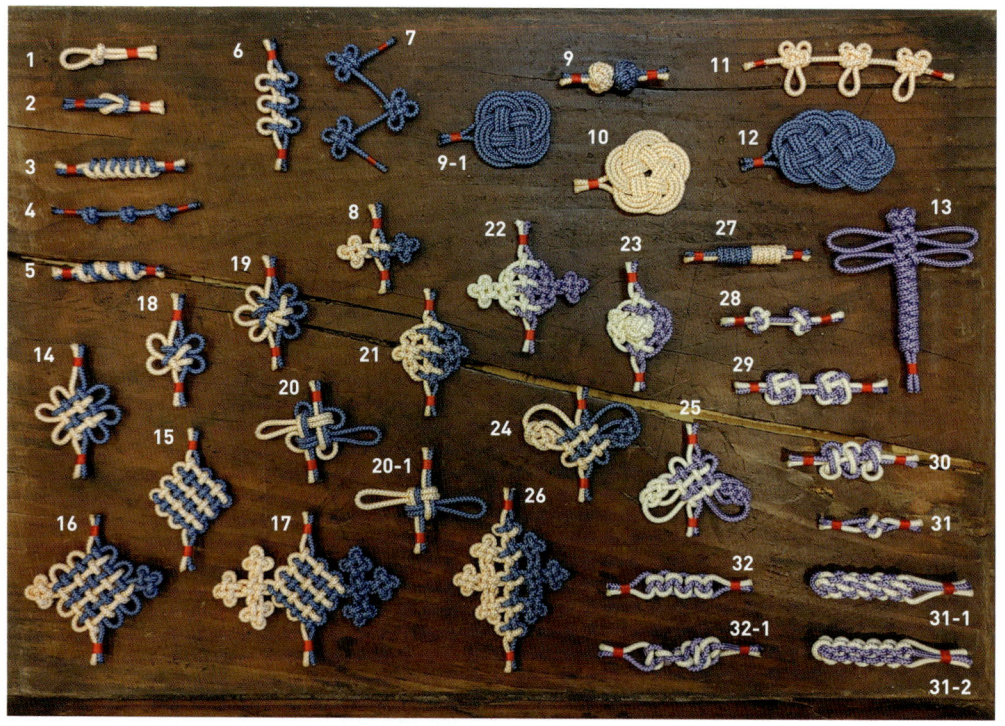

1. 옭매듭
2. 맞매듭
3. 합장매듭
4. 외도래
5. 도래
6. 생쪽
7. 외생쪽
8. 장구
9. 가락지
9-1. (펼친형)
10. 오벌가락지
11. 당초
12. 자리
13. 잠자리
14. 두벌국화
15. 세벌국화
16. 귀달린 세벌국화
17. 벌
18. 두벌매화
19. 세벌매화
20. 생동심결
20-1. 사동심결
21. 가지방석
22. 귀달린 가지방석
23. 딸기
24. 암나비
25. 수나비
26. 석씨
27. 번데기
28. 연봉
29. 안경
30. 귀도래
31. 정자매듭
31-1. (원기둥형)
31-2. (사각기둥형)
32. 평매듭
32-1. (나선형)

술

매듭의 색채와 아름다운 구성을 더욱 돋보이게 하는 것이 술의 역할이다. 다회, 매듭, 술 이 세 가지가 조화를 이룰 때 비로소 아름다운 유소나 노리개가 완성되는 것이다. 유소나 노리개는 매듭만 가지고는 그 비례가 맞지 않으며 술이 있어야 전체의 조화가 이뤄진다. 술에는 딸기술, 봉술, 방망이술, 낙지발술, 방울술 등이 많이 사용된다.

딸기술

# 매듭에 필요한 도구

전통매듭에서 꼭 필요한 도구들은 송곳과 답비, 가위 정도면 되겠지만 전통방식에서처럼 실을 짠다거나 술을 만든다거나 할 때면 훨씬 많은 도구들이 필요하다. 여기서는 소품 제작에 필요한 기초적인 도구와 있으면 편리한 몇 가지의 도구를 담았다.

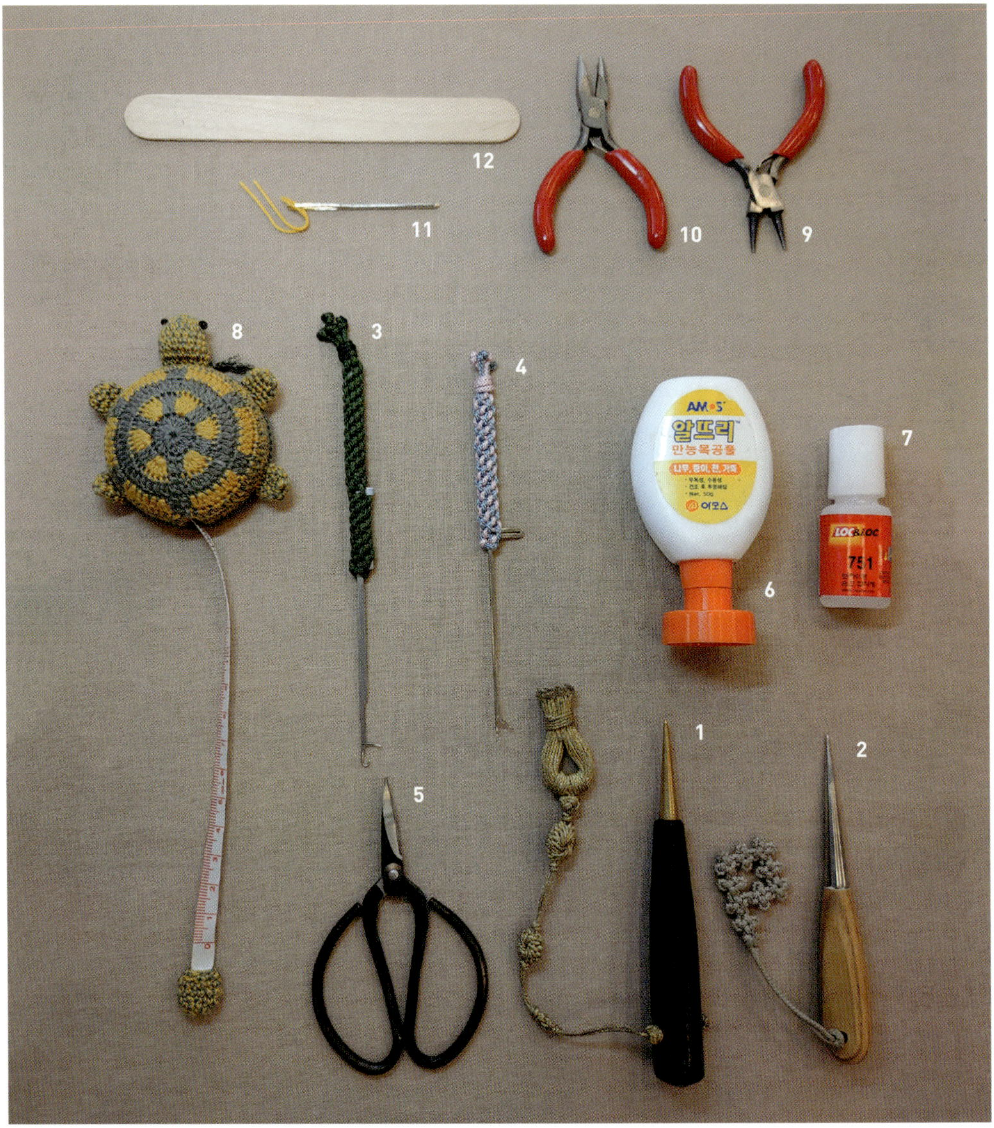

**1~2. 송곳**  실을 조이거나 풀 때, 매듭의 모양을 잡을 때 사용한다. 아래로 내려갈수록 점점 넓어지는 형태의 송곳이 좋으며, 실의 굵기에 따라 끝이 뾰족하거나 뭉툭한 것을 선택해 사용하면 편리하다.

**3~4. 답비**  가락지를 끼울 때, 봉술을 끼울 때처럼 구멍에서 실을 꺼낼 때 사용하며 나무나 실 등으로 손잡는 부분이 미끄러지지 않게 된 것이 사용하기 편리하다. 실의 굵기에 따라 고리 사이즈를 선택해 사용한다.

**5. 가위**  실을 자를 때 깔끔하게 잘리도록 끝이 작고 뾰족한 것을 선택한다.

**6~7. 접착제**  넓은 면을 붙일 때는 목공풀을, 실 끝을 풀리지 않게 마무리할 때는 본드를 사용하는 것이 좋다. 본드는 브러시 형태가 편리하다. 면을 붙일 때는 글루건을 사용하는 것도 좋다. 용도에 맞게 선택한다.

**8. 줄자**  실을 재단할 때, 치수를 잴 때 사용한다.

**9~10. 공구**  롱노우즈, 니퍼, 펜치 정도의 공구가 있으면 소품 제작이 더 편리해진다.

**11. 돗바늘**  술을 만드는 데 사용되기도 하며, 가락지를 만들 때도 사용한다.

**12. 나무막대**  접착제 등을 바를 때 사용하면 좋다.

# 잠금 방식

 O링 활용

**01.**

잠금 준비!

**02.**

◇ 실에 O링을 끼워두고 ● 를 ◇ 사이에 끼운다.

## 03.

O링을 교차 지점 근처로 당겨 잠근다.

### ✿ 두 번 꼬기

## 01.

● 를 ◇ 사이에 끼운다.

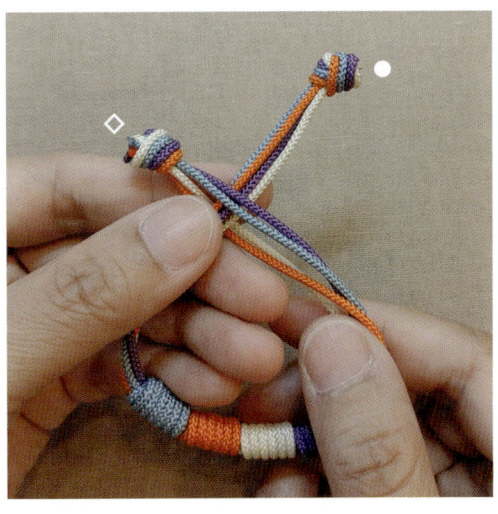

# 02.

이번엔 반대로 ◇를 ● 사이에 끼운다.

# 03.

이리오시오~

# 04.

이렇게 두 번 꼬아서 착용.

가락지 활용

**01.**

한쪽에 가락지를 끼워 묶은 후 반대쪽 사이에 끼운다.

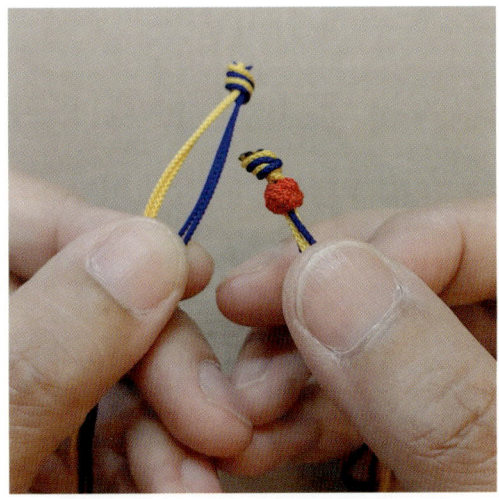

**02.**

가락지 윗실을 길게 빼면 약간의 길이 조절이 가능하다.

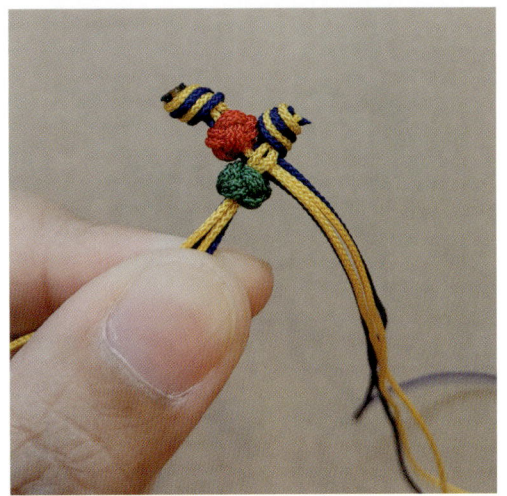

## 🌸 가락지 활용 Ⅱ

## 01.

한쪽 끝에 가락지를 만들어 실을 끼운다.

## 02.

고리를 반대쪽 가락지에 끼운다.

## 03.

화살표 방향으로 당겨서 조인다.

## 🏵 단추 활용하기

### 01.

한쪽은 고리를, 한쪽엔 단추를 달아 준비한다.

### 02.

고리 사이즈는 단추가 들어갈 정도로만.

### 03.

쓰윽~!

## ✸ 길이 조절이 가능한 잠금 방식

### 01.

실을 양쪽으로 늘어트린다.

> 왼쪽 ●, 오른쪽 ◇

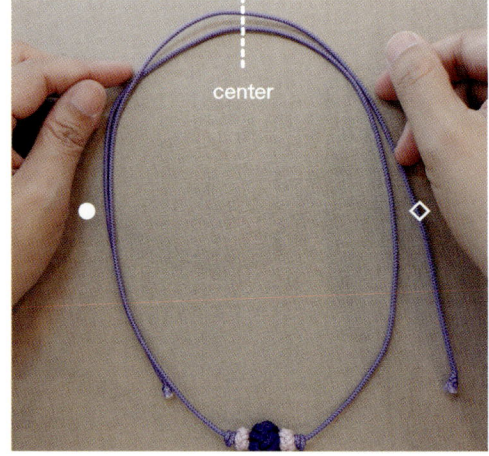

### 02.

● 실로 뒤집어진 6 모양을 만든다.

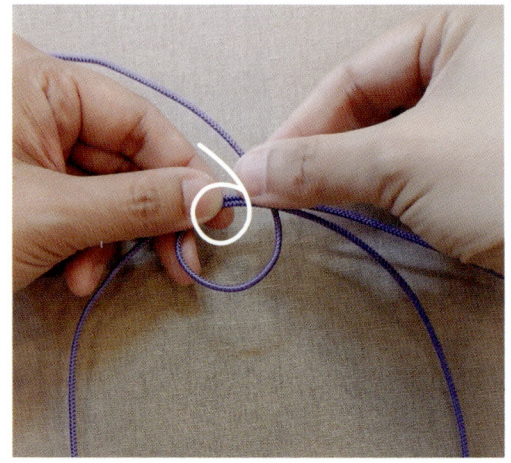

### 03.

6자 안쪽의 두 줄을 감싸서 묶는다.

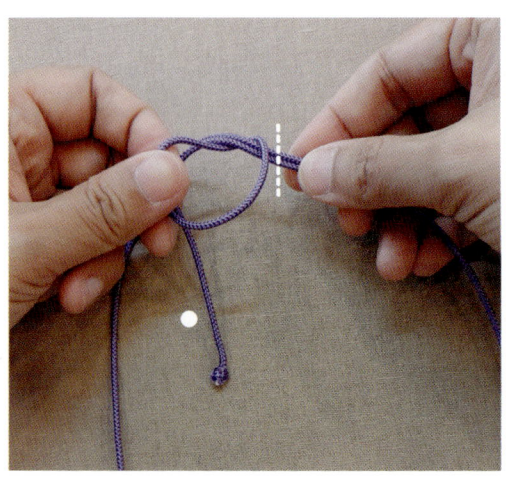

## 04.

- 실을 왼쪽으로 당기며 묶어준다.

## 05.

◇ 실로 6 모양을 만든다.

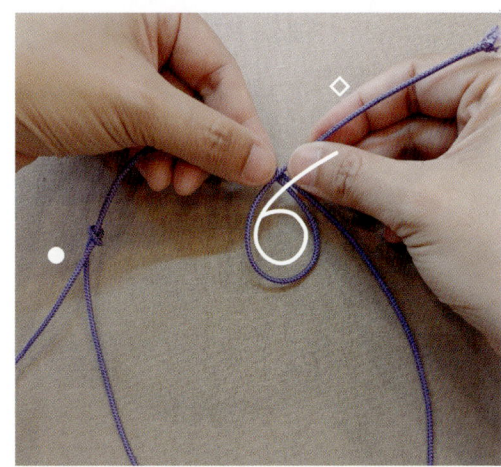

## 06.

6자 안쪽 두 줄을 감싸서 묶은 후 오른쪽으로 당기며 묶는다.

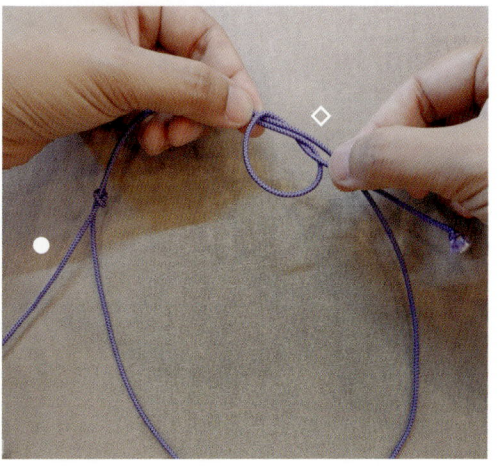

## 07.

center를 기준으로 ●실과 ◇실의 위치가 비슷하게 조절한다.

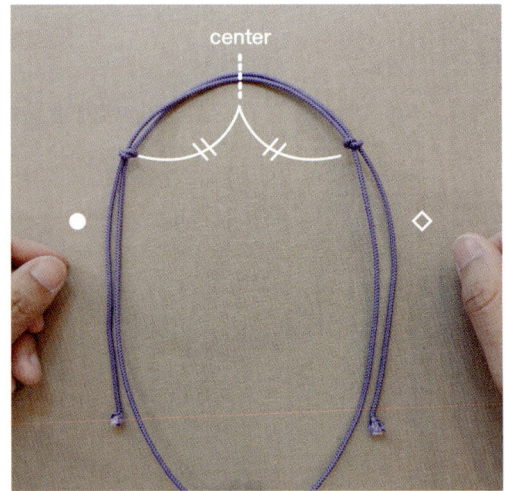

## 08.

실 끝에 옭매듭이나 외도래매듭으로 포인트를 준다.

# 답비 사용법

가락지를 끼울 때나 봉술을 끼울 때처럼 구멍에서 실을 꺼내올 때 사용하면 편리하다.
(시범조교 : 가락지, 실, 답비)

## 01.

답비 머리쪽 문을 연다.

## 02.

가락지 중심에 답비 머리를 끼워 넣는다.

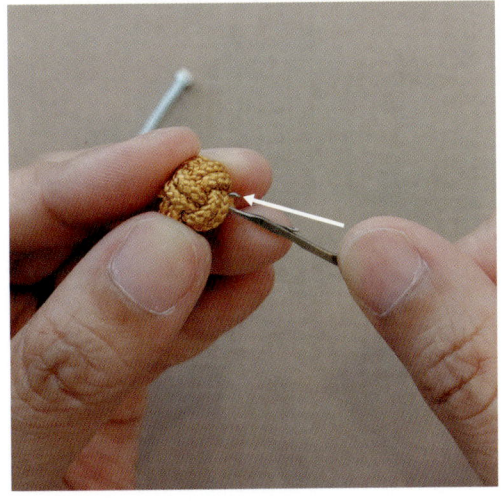

## 03.

답비 문이 반대쪽으로 완전히 나올 때까지 밀어 넣는다.

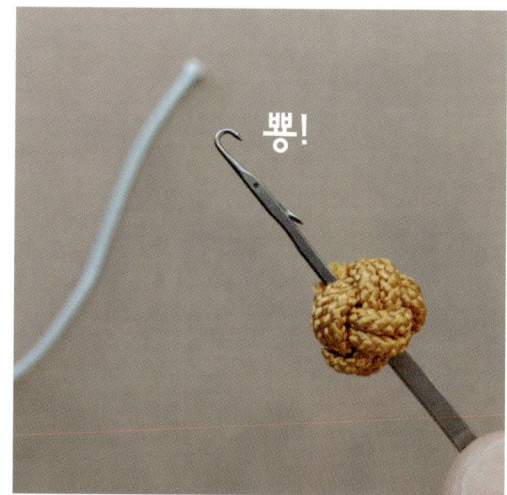

## 04.

실을 답비 고리에 끼운다.

> 가락지에 무리를 주지 않기 위해 되도록 실의 끝 부위를 끼운다.

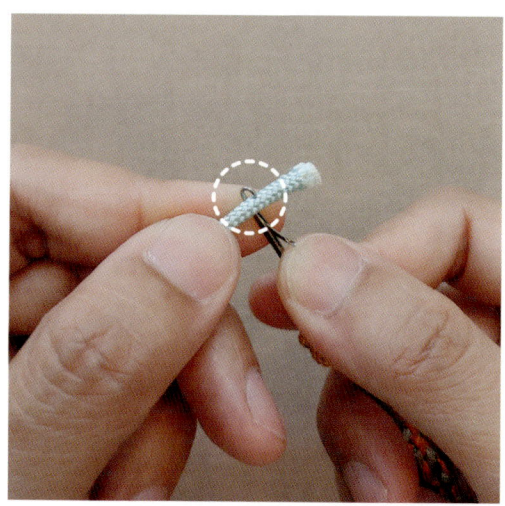

## 05.

답비 문을 닫는다.

## 06.

답비를 다시 가락지 아래쪽으로
잡아당긴다.

> 답비 문이 열리지 않게 잡아주며 당긴다.

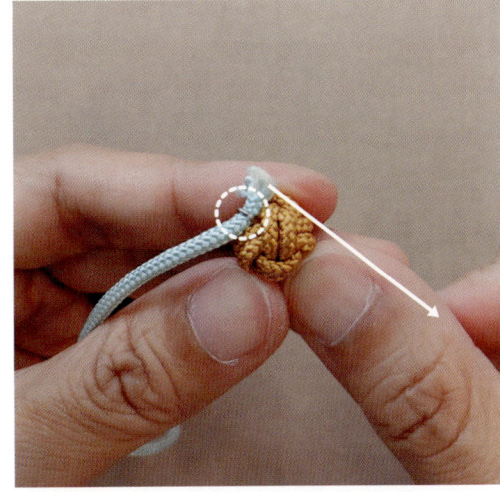

## 07.

실 끝이 완전히 밖으로 나올 때까지 살살~
당겨주면 끝!

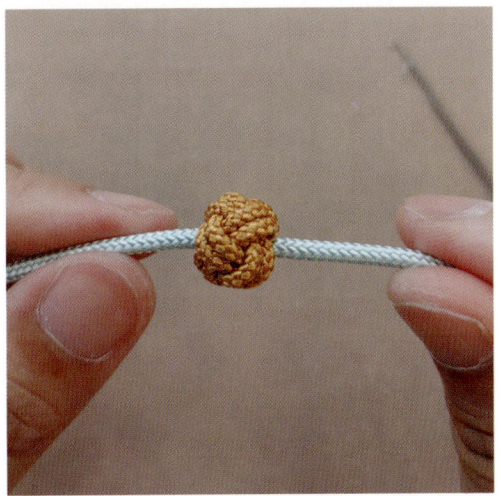

두 번째.

매듭법

# 외도래매듭

전통매듭에서 크고 단단한 마디나 끝맺음을 할 때 사용하는 매듭이다. 앞면은 X, 뒷면은 二 모양이 나온다. 처음에는 쉽지 않겠지만 도구 사용이 수월해지면 매듭을 좀 더 빠르고 정확하게 만들 수 있다는 것을 보여주기 위해 이번 매듭에서 다양한 방법을 소개해 본다.

## 어린이나 초보자들을 위한 방법

**01.**

고리를 만든다.

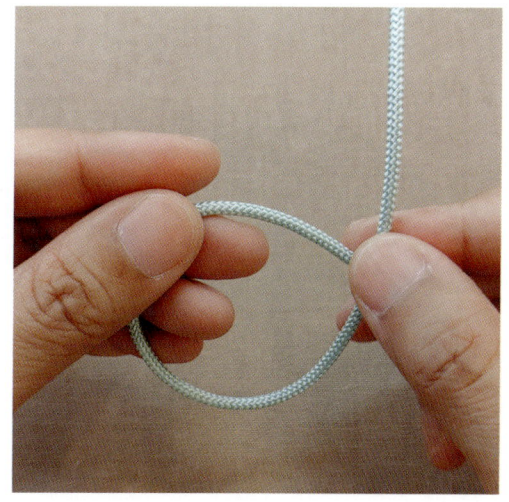

## 02.

실 끝을 고리 안에서 한 바퀴 감는다.

> 이 매듭을 옭매듭이라고 한다.

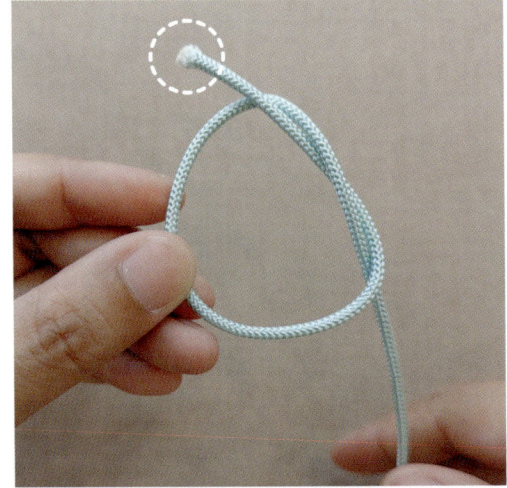

## 03.

실 끝을 같은 방향으로 한 바퀴 더 감는다.

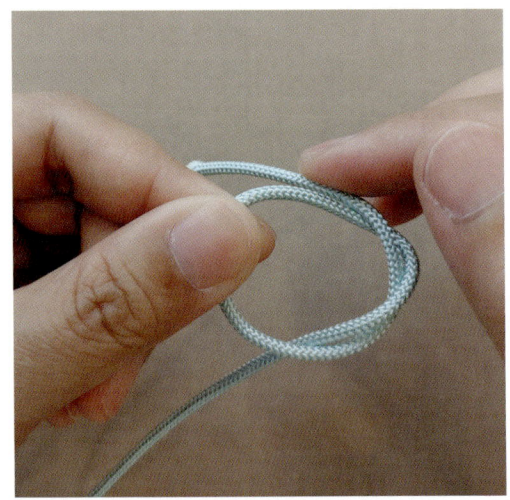

## 04.

실 끝이 빠지지 않게 주의!

# 05.

양쪽 실 끝을 펼쳐서 당긴다.

# 06.

천천히, 쨔-앗!

# 07.

'8' 자 모양을 찾는다.

## 08.

'8'자가 작아지게 당긴다.

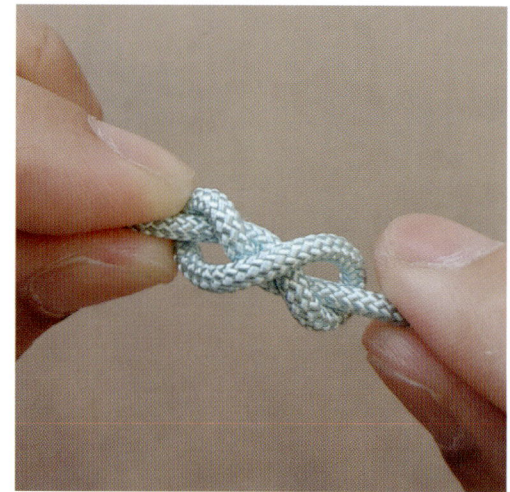

## 09.

'8'자를 반절로 접는다.

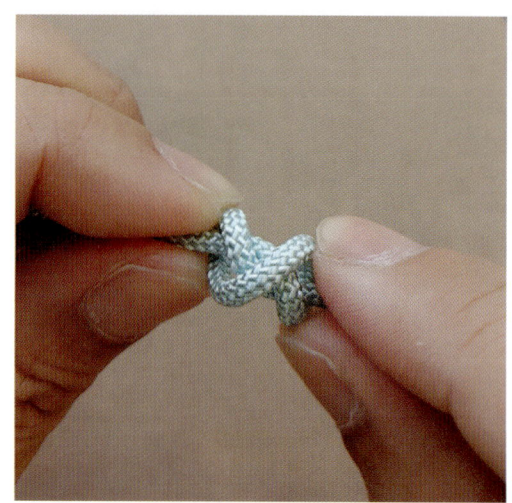

## 10.

앞면에는 X 모양이 생긴다.

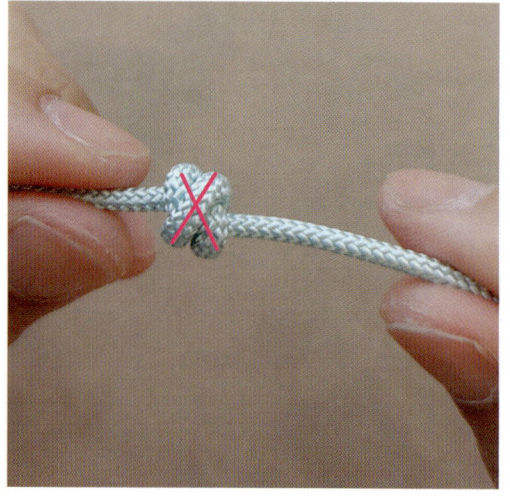

# 11.

뒷면은 ㄷ 모양.

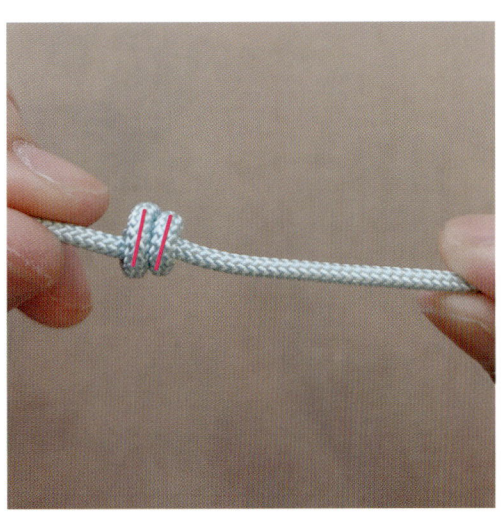

## 🌸 도구 없이 매듭을 맺는 방법

# 01.

손가락에 오른쪽으로 실을 감는다.

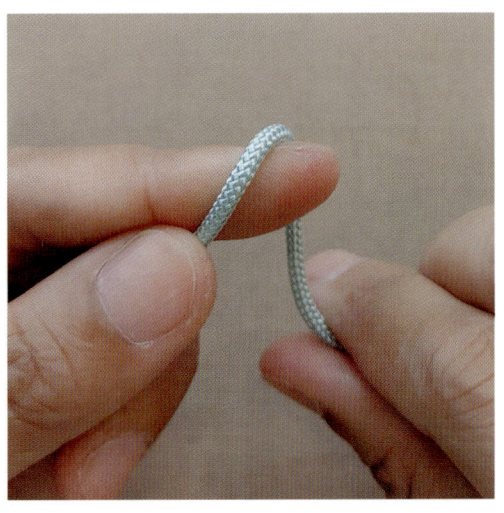

## 02.

이번엔 왼쪽으로 한 번 감아 X 모양을 만든다.

## 03.

X 로 만들어진 두 개의 기둥 사이를 통과.

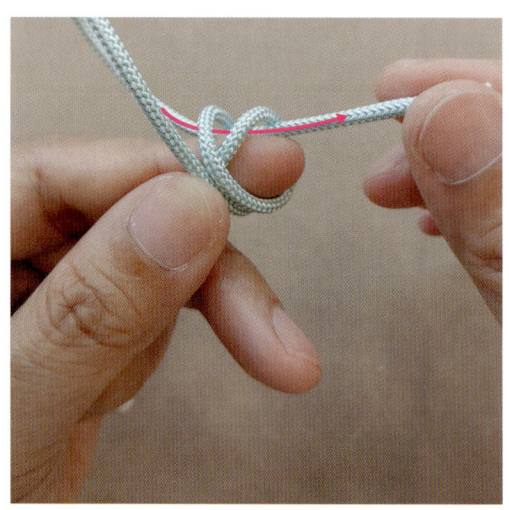

## 04.

조여서 모양을 잡는다.

## 답비를 사용하는 방법

답비를 사용하면 원하는 곳에 빠르게 매듭을 할 수 있다. 답비 사용법(37p) 참고.

## 01.

답비 머리를 왼쪽으로 향하게 하고 실과 함께 잡는다.

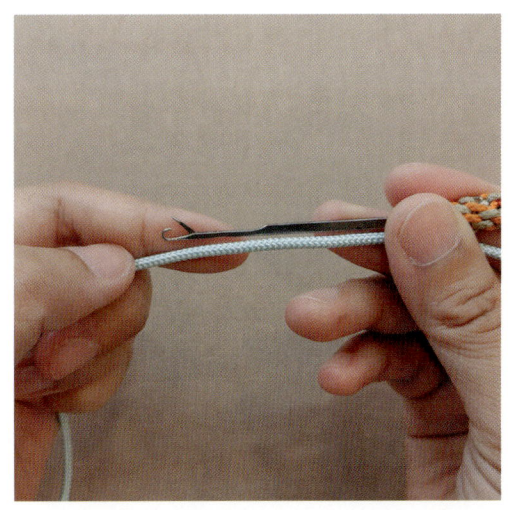

## 02.

실을 답비 몸통에 오른쪽으로 한 번 감는다.

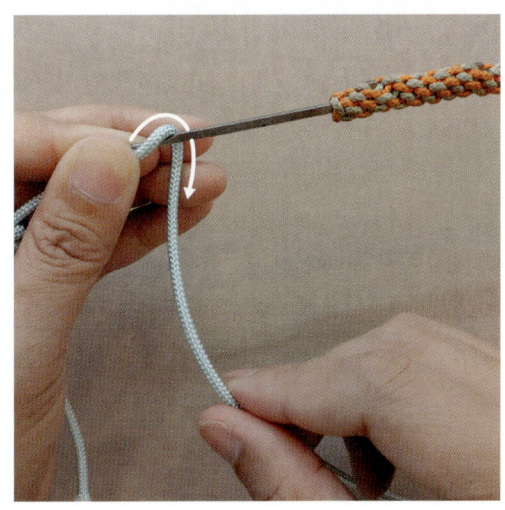

## 03.

이번엔 왼쪽으로 감아 X 모양을 만든다.

## 04.

X 모양이 풀어지지 않게 잡아준 상태로
실 끝을 답비 머리쪽 고리에 건다.

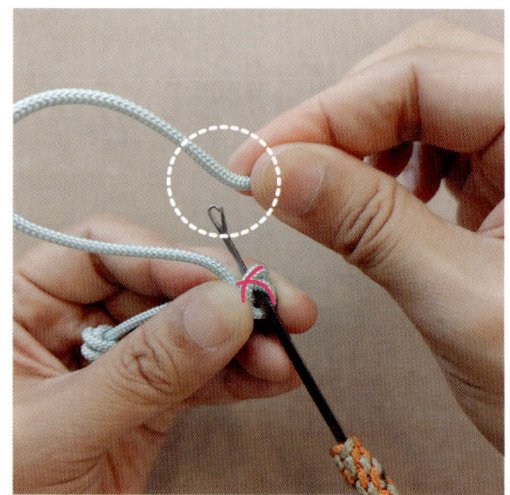

## 05.

실이 걸린 답비를 오른쪽으로 잡아당긴다.

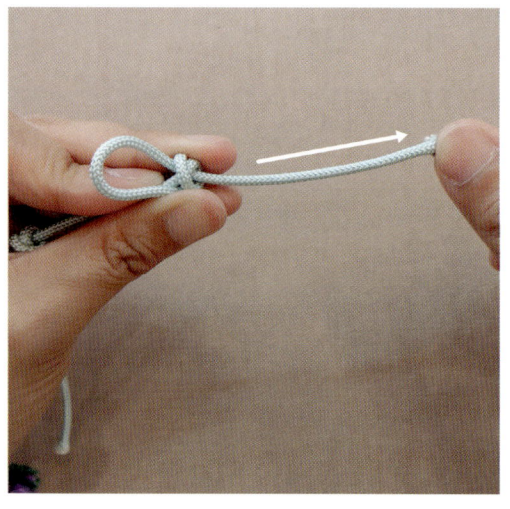

## 06.

완성!

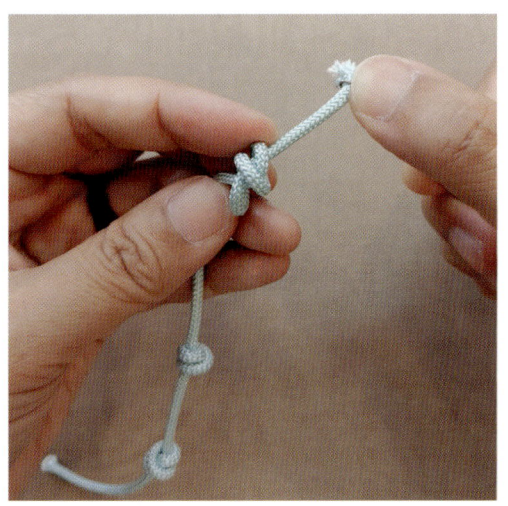

# 도래매듭

전통매듭에서 가장 기본이 되는 매듭으로, 주로 매듭과 매듭 사이를 연결하고 다른 매듭의 가닥이 풀어지지 않게 고정시키거나 끝마무리를 할 때 쓰인다. 앞뒤로 X 모양이 나온다.

## 01.

모양을 먼저 익혀 보자.

## 02.

두 가닥의 실을 옆으로 잡고 아래쪽 실을 뒤로 넘겨 뒤집어진 9 모양을 만든다.

## 03.

구멍 안으로 실을 넣는다.

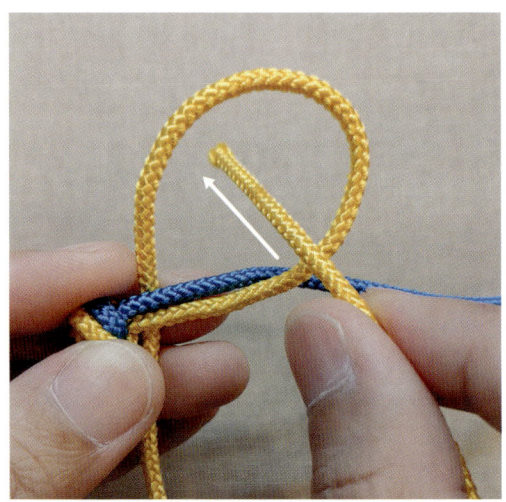

## 04.

앞쪽의 볼록 나온 부분을 잡아당겨서 실을 조인다.

## 05.

위아래 색이 바뀌어 있어야 한다.

> 위는 노랑, 아래는 파랑

## 06.

다시 아래쪽 실로 뒤집어진 9 모양을 만든다.

> 실 끝은 먼저 만들어진 작은 사선( / ) 안쪽으로 들어가 있어야 한다. 실이 느슨해지지 않게 뒷면을 잘 받쳐준다.

## 07.

두 개의 기둥 사이로 실을 통과시킨다.

## 08.

실을 조여준다.

> 이때 뒷면을 잘 받쳐주고, 작게 모아주며 X 모양을 만든다.

## 09.

다른 실도 조여준다.

## 10.

짜잔~

## 11.

제대로 된 도래는 X가 돌아가지 않고 앞뒤로 나란히 나와야 한다.

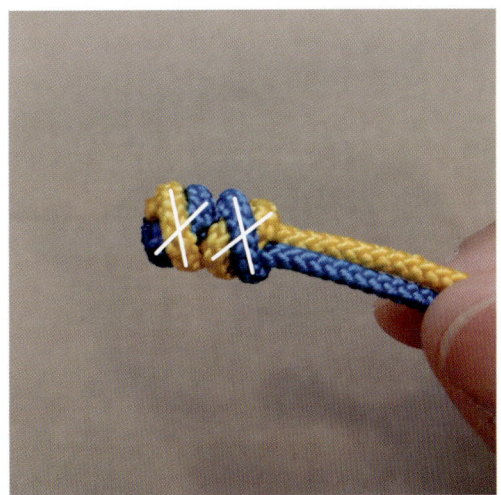

# 번데기매듭

비교적 쉽게 만들 수 있는 매듭으로 한 줄로도 만들 수 있고 여러 가닥으로도 만들 수가 있어 활용도가 아주 높은 매듭이다. 감는 횟수나 가닥의 수로 길이와 크기를 조절할 수 있다.

## 한 줄 번데기매듭

### 01.

답비 머리와 실 끝이 왼쪽을 향하게 놓는다.

### 02.

답비를 감싸며 오른쪽으로 한 바퀴 돌린다.

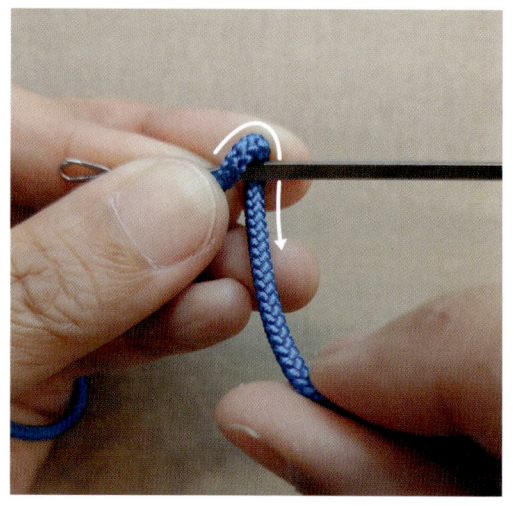

## 03.

왼쪽으로 한 바퀴 돌려 X 모양을 만든다.

## 04.

답비 머리 방향으로 차곡차곡 감는다.

## 05.

원하는 만큼 감은 후 감던 실 끝을 답비에 걸어 빼낸다.

## 06.

짜잔~!

### 🌸 여러 줄로 만드는 번데기매듭

## 01.

답비 머리와 실 끝을 왼쪽을 향하게 놓는다.

## 02.

답비를 감싸며 오른쪽으로 한 바퀴,
왼쪽으로 한 바퀴 돌려 X 모양을 만든다.

## 03.

답비 머리 방향으로 차곡차곡 감는다.

## 04.

원하는 만큼 감은 후 감던 실 끝을 답비에
걸어 빼낸다.

**05.**

짜잔~!

# 가락지매듭

매듭 작품의 운치를 살릴 때나 공간을 메울 때 자주 쓰이는 매듭으로 화려한 색채를 사용하여 매듭의 중간에 가락지처럼 끼워 장식한다. 실의 굵기와 용도에 따라 감는 횟수가 달라지지만 여기서는 두 바퀴 감는 가락지를 기본형으로 한다. 처음엔 손가락에 감아 만들어 본 후, 능숙해지면 답비를 이용해 만들어 보자.

### 손으로 하는 가락지매듭

## 01.

손가락에 오른쪽 ➡ 왼쪽 순서로 감아 X 모양으로 기둥을 두 개 만든다.

> 외도래매듭(43p)와 동일 방식

← 활동실

> 활동실은 오른쪽 ➡ 왼쪽 ➡ 오른쪽으로 리듬을 타고 움직인다.

## 02.

활동실 오른쪽으로 나가기: X를 지나
◇ 바깥쪽으로 나간다.

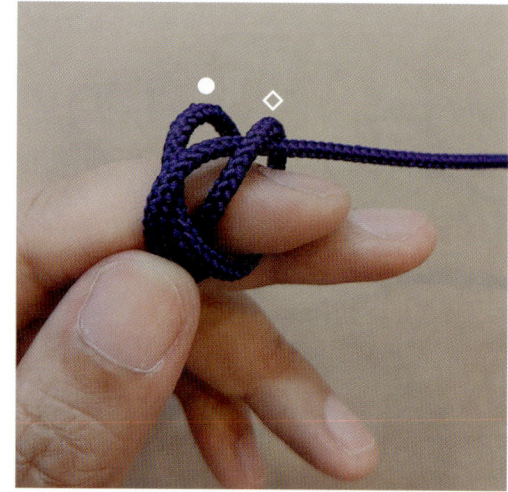

## 03.

● 을 ◇ 위로 넘긴다.

> 만들어진 모양들이 뒤집히지 않도록 잘
> 잡아주면서 넘기도록 한다.

## 04.

활동실 왼쪽으로 나가기: ◇ 아래로 나간다.

## 05.

● 을 ◇ 위로 넘긴다.

## 06.

활동실 오른쪽으로 나가기 : ◇ 밑으로 나간다.

## 07.

손가락 위에 감긴 형태가 한쪽으로 쏠리지 않도록 모양을 정리해주면 활동실과 시작실이 자연스럽게 만나면서 두 줄이 시작된다.

**08.**

이제부터 활동실은 시작실이 간 길을 그대로 붙어서 따라다니도록 한다.

**09.**

모양이 전체적으로 두 줄이 나올 때까지 헤어지지 말고 붙여주기.

**10.**

전체가 두 줄이 되었으면 반대쪽 중심으로 실을 뺀다.

## 11.

송곳을 이용해 한 줄씩 모양을 줄여준다.

> 실의 방향을 정하고 시작부터 끝에 실이 나갈 때까지 한 방향으로 따라가며 줄인다.

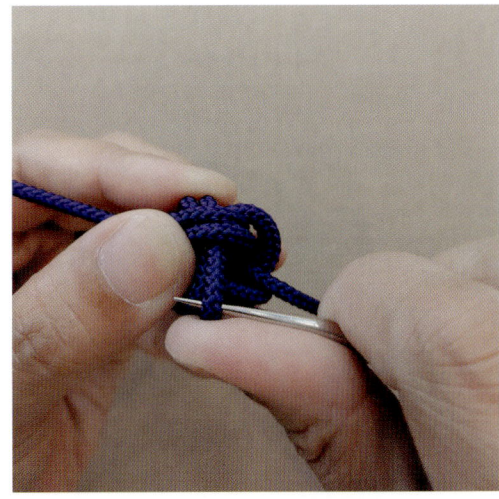

## 12.

크기가 클 경우 한 번에 모양을
줄이기보다는 형태를 유지하는 선에서
조금씩 여러 차례 줄이는 것이 좋다.

## 13.

눌렀을 때 딱딱할 때까지 줄인다.

## 14.

모두 줄이고 나면 양끝을 잘라 마무리한다.

### ✿ 답비를 사용한 가락지매듭

답비를 사용해서 가락지를 만들면 줄이는 과정을 생략할 수 있다. 손가락을 실로 바꿔 매듭을 하면 된다. 답비 사용법(37p)과 가락지의 모양을 이해한 후 시도하는 것이 좋다.

## 01.

손가락을 대신할 적당한 굵기의 실을 준비한다.

## 02.

오른쪽 ➡ 왼쪽 순서로 감아 X 모양으로 기둥을 두 개 만든다.

## 03.

활동실은 답비를 이용해 오른쪽- 왼쪽- 오른쪽으로 나가면서 모양을 만든다.

## 04.

활동실은 시작실이 간 길에 그대로 붙어서 따라다니도록 한다.

## 05.

전체가 두 줄이 될 때까지 반복!

## 06.

전체가 두 줄이 되면 끝!

## 07.

남아 있는 실은 자르기!

# 오벌가락지매듭: 펼친 형태

가락지는 구슬모양으로도 많이 사용하지만 펼쳐서도 사용한다. 가락지매듭이 펼쳤을 때 4개의 꽃잎이 나오는 모양이라면 오벌가락지는 꽃잎이 5개가 나오는 모양이다. 가락지 만드는 것과 같은 방식이나 실이 나가는 방향만 바꿔주면 된다. 감는 횟수에 따라 크게 확장이 가능하기 때문에 액세서리 장식으로 많이 활용되고 있다.

## 01.

손가락에 오른쪽 ➡ 왼쪽 순서로 감아 기둥을 두 개 만든다.

> 가락지매듭(61p)과 동일하나 활동실의 방향만 바뀜

## 02.

X를 지나 활동실이 움직인다.

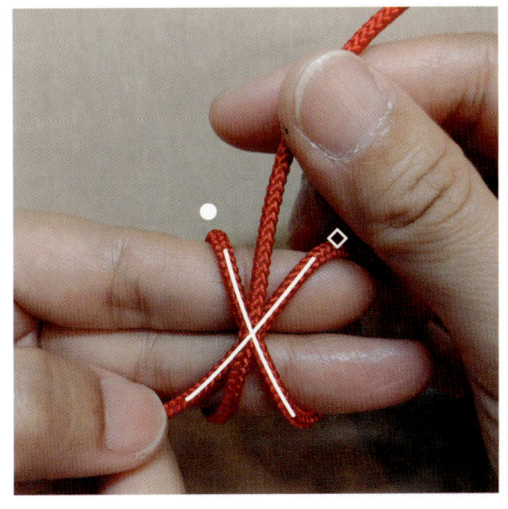

## 03.

활동실 오른쪽에서 들어오기:
◇ 바깥쪽에서 중심으로 들어온다.

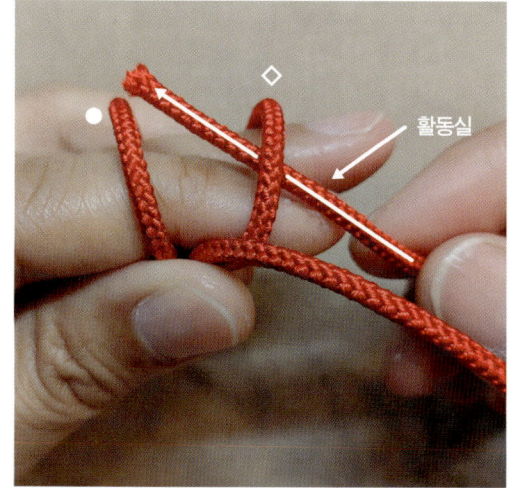

## 04.

● 을 ◇ 위로 넘긴다.

> 만들어진 모양들이 뒤집히지 않도록 잘 잡아주면서 넘기도록 한다.

## 05.

활동실 왼쪽에서 들어오기: ◇ 바깥쪽에서 중심으로 들어온다.

## 06.

● 을 ◇ 위로 넘긴다.

## 07.

활동실 오른쪽에서 들어오기: ◇ 바깥쪽에서 중심으로 들어온다.

## 08.

손가락이 끼워져 있던 곳을 중심으로 펼쳐서 모양을 정리한다.

## 09.

시작점을 따라서 이어가면 5개 꽃잎이 완성된다.

## 10.

시작실을 따라 다니면서 크기를 늘려간다.

> 몇 바퀴를 감을지 미리 생각해두고 공간을 남겨둬야 한다.

## 11.

완성!

> 오벌가락지양과 가락지군

# 동심결매듭

같을 동同, 마음 심心, 맺을 결結 : 한마음으로 맺다, '영원'이라는 뜻을 담고 있다.

- **생生동심결**: 주로 길일에 쓰이는 물건에 사용되었고, 선추에도 많이 사용되었다.
- **사死동심결**: 죽은 사람의 유품을 싸서 불태울 때 쓰인 매듭으로 염을 할 때 사용되었다.

## 01.

모양을 먼저 익혀 보자.

## 02.

실을 반으로 접어 중심을 만든다.

## 03.

머리, 팔, 다리 부분으로 나누어서 잡는다.

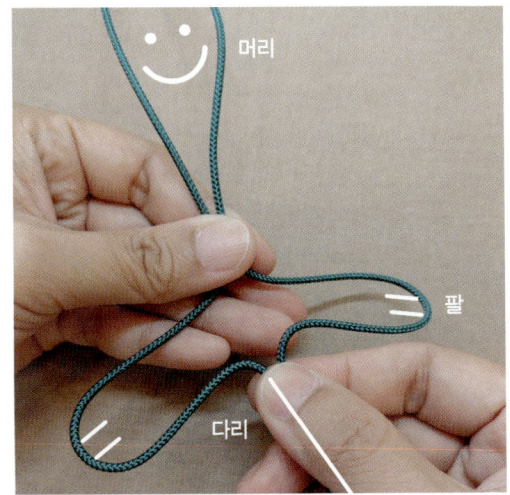

## 04.

정자매듭(149p)처럼 ❶, ❷, ❸, ❹ 네 개의 구획을 서로 엮어 몸통을 만든다.

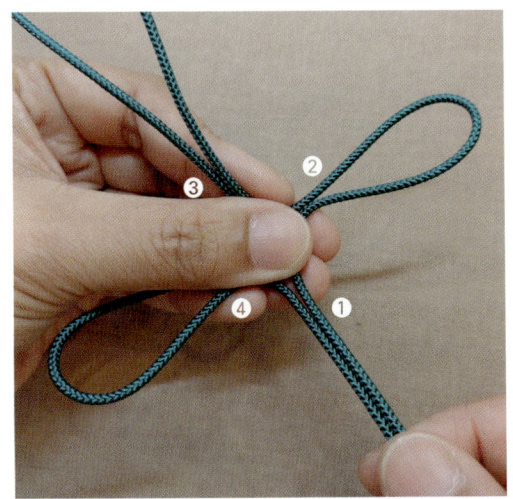

## 05.

❶을 ❷ 옆으로 넘긴다.

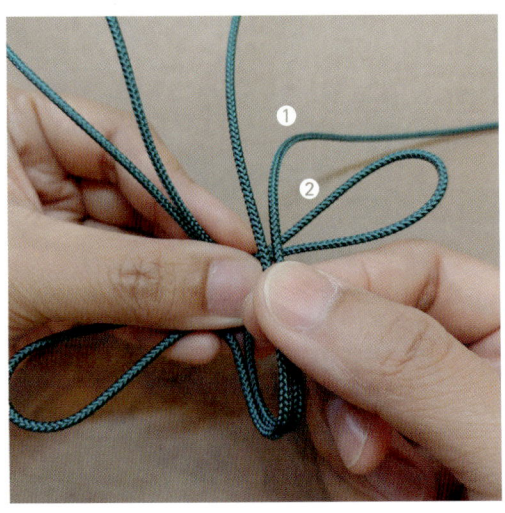

## 06.

❷를 ❸ 옆으로 넘긴다.

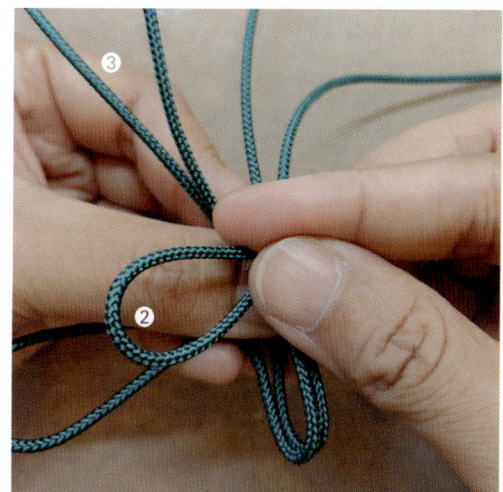

## 07.

❸을 ❹ 옆으로 넘긴다.

## 08.

❹를 ❶ 안으로 끼워넣는다.

> 양팔의 길이를 맞추고 꼬인 실이 있으면 푸는 등 모양을 다듬어가며 한다.

## 09.

지금 보이는 면이 앞면.

> 여기서 위의 과정을 다시 한 번 반복하면 생동심결이 된다.

## 10.

이것은 뒷면.

> 여기서 위의 과정을 다시 한 번 반복하면 사동심결이다.

## 11.

앞면에서 다시 한 번 위의 과정을 반복한다.

> ❶을 ❷ 옆으로 넘긴다.

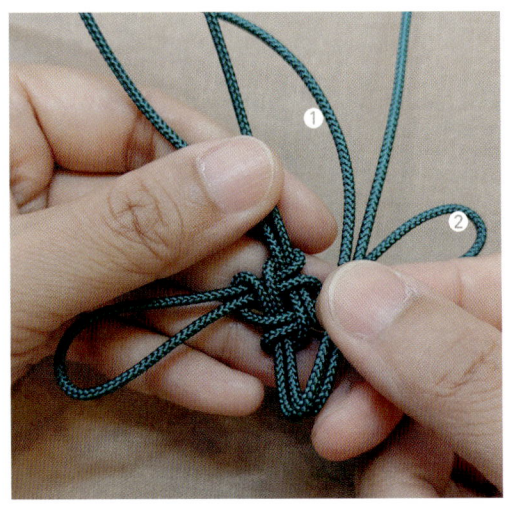

## 12.

❷는 ❸ 옆으로 넘긴다.

## 13.

❸은 ❹ 옆으로 넘긴다.

## 14.

❹는 ❶ 안으로 끼워넣는다.

# 15.

완성!

왼쪽은 생동심결, 오른쪽은 사동심결.

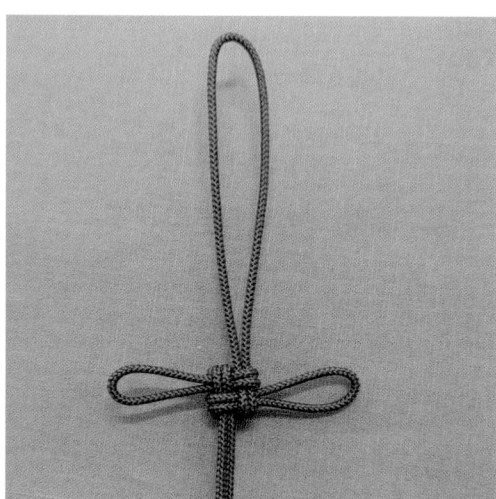

# 매화매듭

고결함을 상징하며 동글고 납작한 모양이 정숙한 여인네의 느낌을 주어 노리개에 주로 많이 사용하였다.

기본이 되는 두벌매화를 잘 익히면 세벌, 네벌…, 다양한 매듭을 모두 수월하게 할 수 있다. 여기서는 실의 흐름을 잘 파악할 수 있도록 두 가지 색을 사용하여 만들었으니 두벌매화가 어떤 패턴으로 움직이는지 잘 관찰해보자.

## 01.

모양을 먼저 익혀 보자.

> 꽃잎모양을 하고 있는 점에서 국화매듭(86p)과 비슷하지만 매화매듭은 가운데가 원형으로 회전을 하며 만들어진다.

## 02.

도래매듭(51p)으로 중심을 만든다.

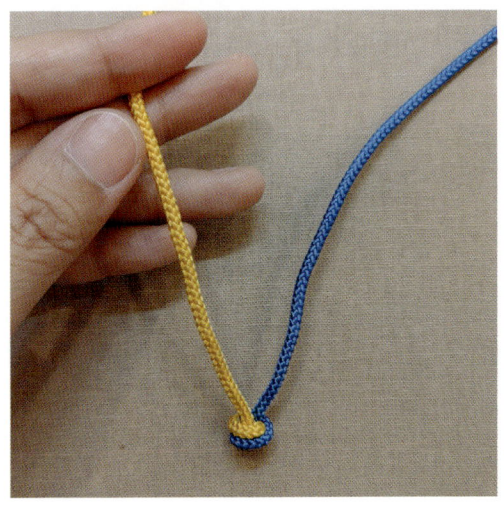

## 03.

먼저 왼쪽 실로 하나의 기둥을 만든다.

> 실이 바깥쪽에서 들어와 있다. 중심 위치 체크!

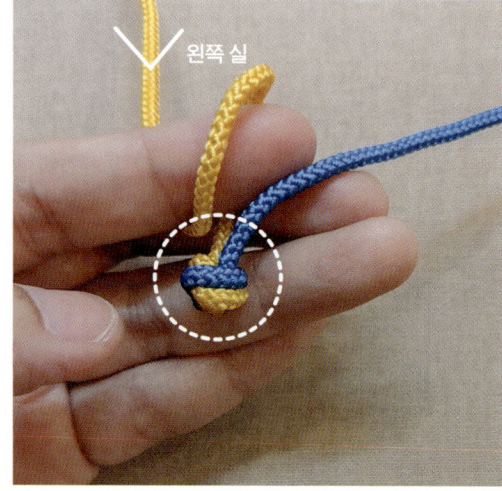

왼쪽 실

## 04.

오른쪽 실로 크게 6자를 만든다.

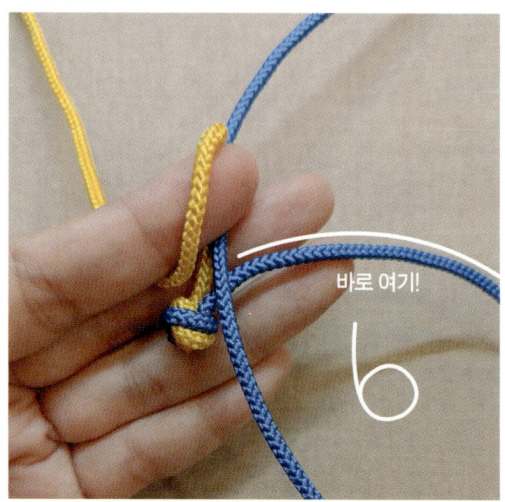

바로 여기!

## 05.

6 모양을 만든 안쪽 실(4번의 '바로 여기!')을 활용해 손가락 두 개에 위, 아래로 8자를 그려가며 감는다.

## 06.

6자 고리의 마지막은 뒤로 꺾어서 아래층에 건다.

> 오른쪽 실은 활동 끝!

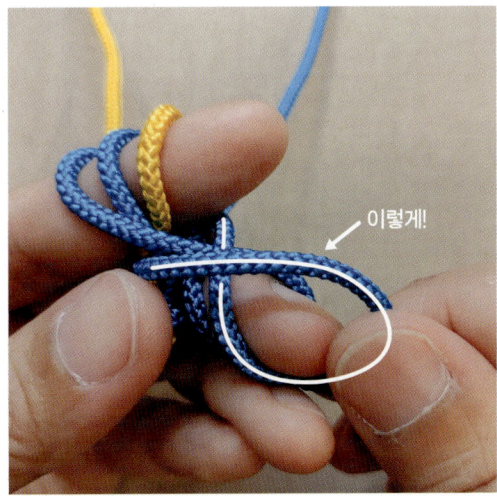

## 07.

위층과 아래층을 돌아다니며 감는다.

> 위층은 위쪽 손가락에,
> 아래층은 아래쪽 손가락에 건다.

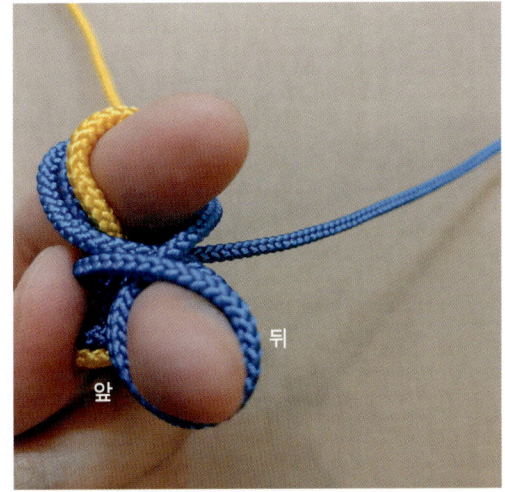

## 08.

중간 점검!
위층은 점점 손가락 안쪽으로, 아래층은 점점 바깥쪽으로 감는다. 두벌매화 기준 위는 기둥 3개, 아래는 기둥 2개가 된다.

> 세벌매화는? 위가 4개, 아래가 3개! 항상 아래쪽이 위보다 하나가 적다.

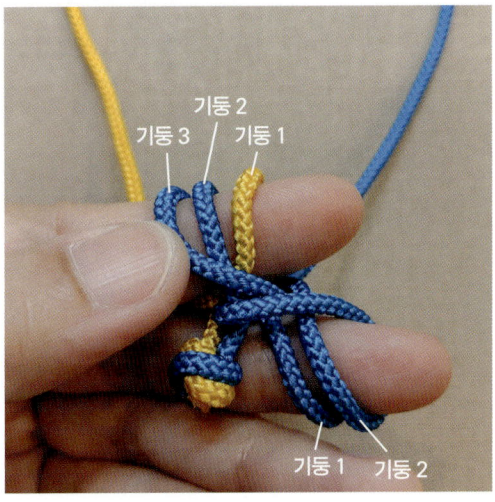

# 09.

손가락 뒷면 방향, 위층의 기둥 2, 1을 거쳐 안으로 들어온다.

> 여기서부터 왼쪽 실의 활동.

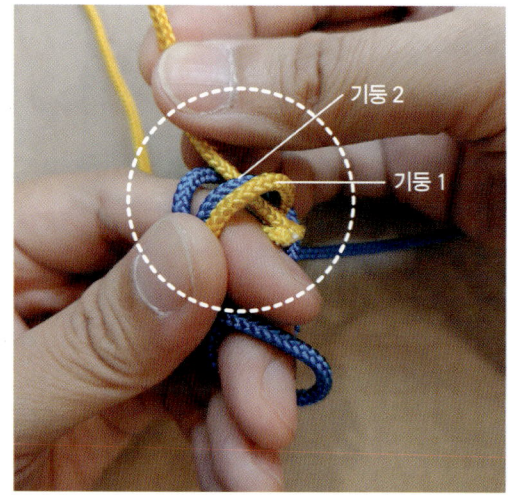

# 10.

손가락 앞면 방향, 아래층의 기둥 2 안으로 들어온다.

# 11.

손가락 앞면, 위층의 들어왔던 기둥 1, 2로 나간다.

> 여기까지가 한 세트, 두벌매화니까 두 세트를 해야 함.
> 세벌매화는 세 세트, 네벌매화는 네 세트!

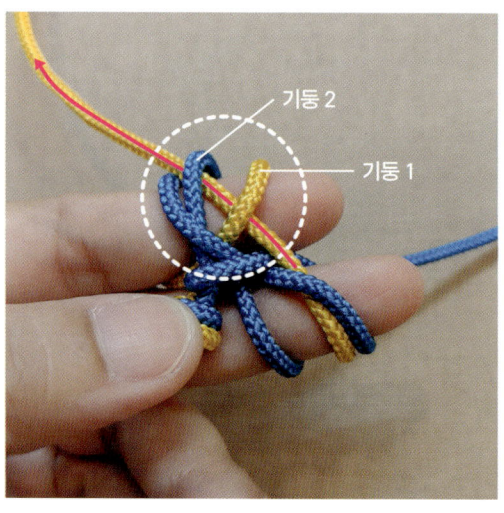

## 12.

손가락 뒷면, 위층의 기둥 1 안으로 들어온다.

기둥 1

## 13.

기준선 안으로 슬쩍 들어가기.

> 아직 왼쪽 실이 활동중이니 오른쪽 실(파란색 실)은 제일 안쪽에서 대기한다.
> 첫 세트에서 생긴 선이 기준선이 되어 항상 제일 밖에 있어야 함.

기준선

## 14.

손가락 앞면 방향, 아래층의 기둥 1 안으로 들어온다.

기둥 1

## 15.

위층으로 넘어가면서 기준선 안으로 들어간다.

## 16.

손가락 앞면 방향, 위층의 기둥 1로 나간다.

> 두 세트 끝!

## 17.

끼운 손가락을 뺀 다음 전체 기둥들을 눌러주며 꽃잎을 찾는다.

> 기둥 바깥쪽이 꽃잎이 됨

# 18.

가운데가 예쁘게 조여지도록 꽃잎들을 빠짐없이 당겨준다.

# 19.

가운데 모양이 나왔으면 꽃잎 크기를 줄인다.

중심부터 실 가는 순서대로 차근차근 줄이기

# 20.

완성!

# 국화매듭

자손의 번창과 성공의 의미를 담고 있으며, 매화매듭처럼 꽃모양으로 만들어지나 가운데가 마름모꼴 형태로 맺어진다. 국화매듭은 전통매듭의 주간을 이루는 매듭으로 다양하게 많이 사용되는 매듭이다.

기본 두벌국화를 잘 익히면 세벌, 네벌…, 모두 수월하게 할 수 있다. 기법을 익혔더라도 연습 없이는 모양이 나오지 않으니 많은 노력이 필요하다.

## 01.

모양을 먼저 익혀 보자.

> 실을 짜듯 들실과 날실의 형태로 이루어져 있다.

## 02.

도래매듭(51p)으로 중심을 만든다.

> 기본형인 두벌 국화매듭을 두 색으로 만들기 위해, 도래매듭으로 엮어 시작하였다.

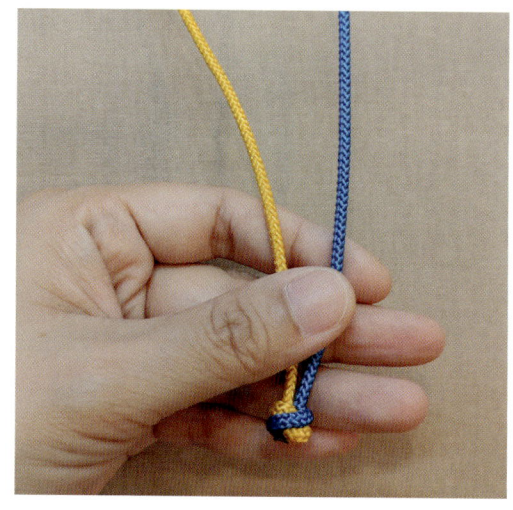

## 03.

왼쪽 실: 두벌국화는 두 개의 세로 기둥을 만든다.

> 실이 바깥쪽에서 들어와 있다. 중심 위치 체크!
> 세벌국화는 세 개의 세로 기둥을 만든다

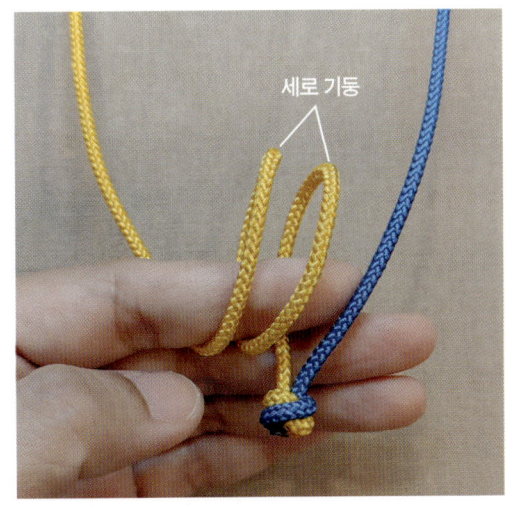

세로 기둥

## 04.

오른쪽 실: 크게 6자를 만든다.

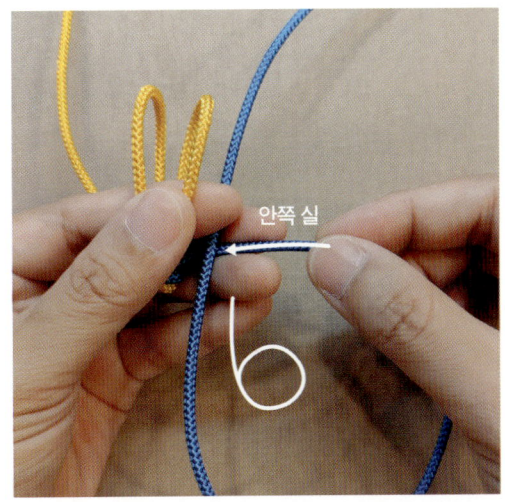

안쪽 실

## 05.

6자의 안쪽 실을 이용, ❶ ➡ ❷ ➡ ❸ 순서로 바깥쪽 가로 기둥을 만든다.

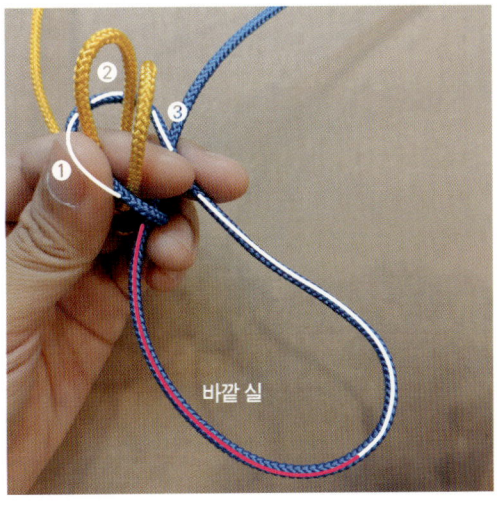

바깥 실

87 ⊛ Part 2. 매듭법

## 06.

6자 모양 바깥 실은 뒤로 꺾는다.

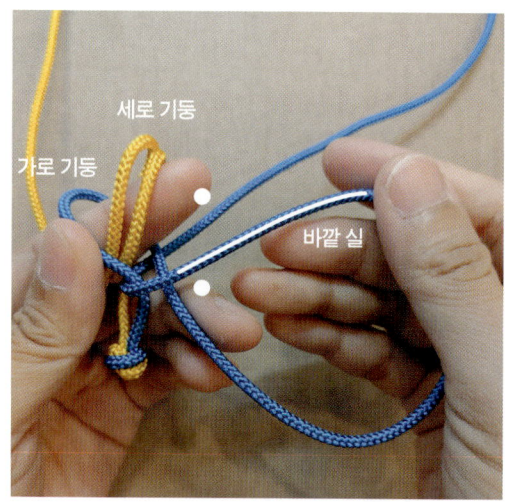

## 07.

왼쪽 실: 뒤 ➡ 앞 순서로 안쪽 가로 기둥을 만든다.

> 끼워진 손가락을 기준으로 앞, 뒤를 구분

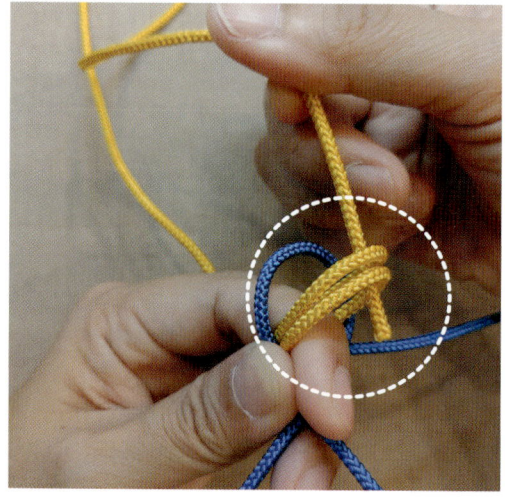

## 08.

이때 꼭 ●를 지나면서 기둥 밖으로 나가야 한다.

> 여기까지 한 세트-두벌국화니까 두 세트를 반복한다.

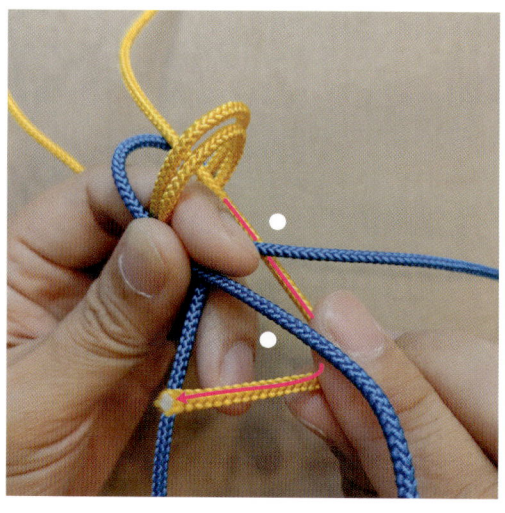

## 09.

오른쪽 실: 뒤로 꺾었던 실을 풀어서 6자 모양을 다시 만든다.

## 10.

6자 안쪽 실은 앞 → 뒤의 순서로 바깥쪽 가로 기둥을 다시 한 번 만든다. 6자 바깥 실은 뒤로 꺾는다.

5, 6번 참고

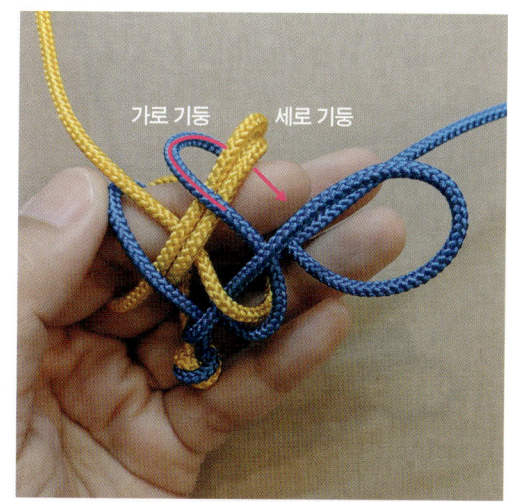

## 11.

왼쪽 실(노란색 실)로 뒤에서 앞으로 둘러 안쪽 가로 기둥을 만든다.

7번 참고

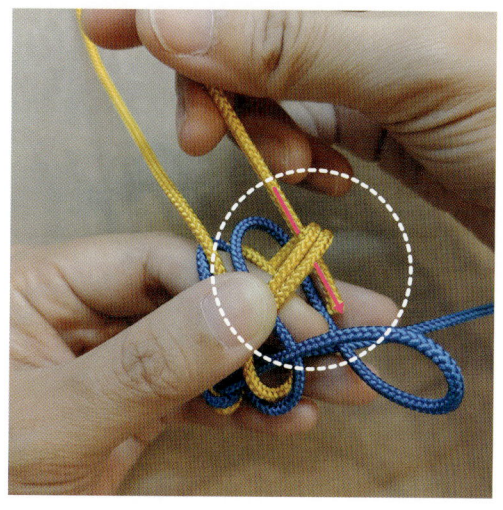

## 12.

●를 지나서 세로 기둥 안쪽으로 나간다.

> 8번 참고

## 13.

중간 점검!

가로줄 : 아래부터 파-노-파-노
세로줄 : 왼쪽부터 노-노-파

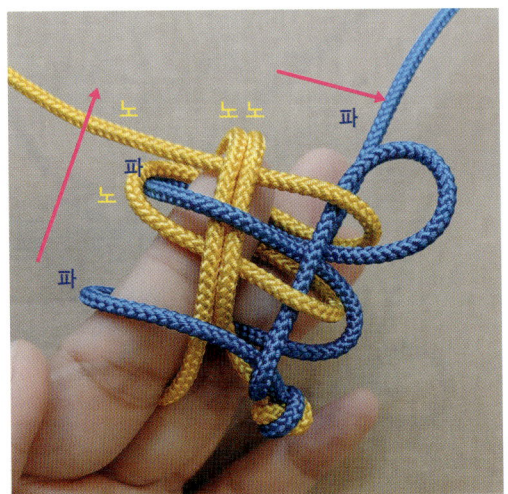

## 14.

세로줄 '노-노-파'에 '파'를 끼워서 '노-파-노-파'를 만들어줘야 한다.

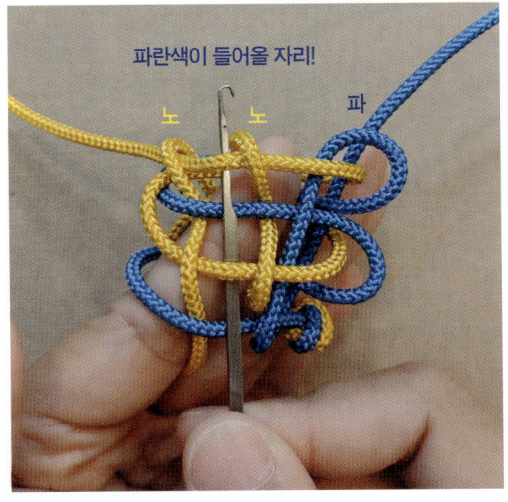

# 15.

세로줄 끼우기 – 앞면에 끼우기.

답비를 이용해도 좋다. 앞면에서 답비를 먼저 끼우고 파란 실(오른쪽 실)을 가져온다.

# 16.

세로줄 끼우기 – 뒤집기.

중심을 손가락 아래쪽에서 위쪽으로 올린다.

# 17.

세로줄 끼우기 – 줄 바꾸기.

뒤집은 후 앞면과 뒷면의 경계점에서 파란 세로줄은 노란 세로줄 아래로 살짝 끼어들어가야 뒷면에서 자리가 맞는다.

## 18.

세로줄 끼우기 - 뒷면 끼우기.

여기까지가 세로줄 끼우기 파트.
중심 위치도 체크!

## 19.

가로, 세로 기둥들 바깥쪽이 꽃잎이 된다.

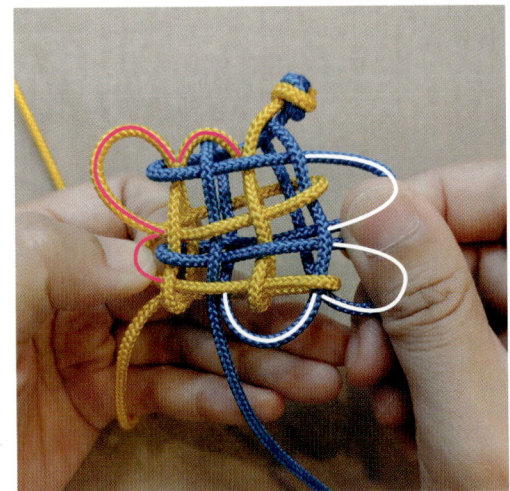

## 20.

모양을 다듬는다.

가운데 모양이 마름모를 유지하면서 조여지도록
조금씩 골고루 줄여간다. 처음에는 마음대로
안 될 수 있지만 꾸준히 연습하다 보면 모양이
잡힌다.

## 21.

꽃잎 줄이기.

> 원하는 길이로 차근차근 크기를 줄인다.

## 22.

송곳을 사용해 줄이는 일도 익숙해지기까지 꽤 오래 걸린다. 꾸준한 연습을 통해 익숙해지도록 하자.

## 23.

완성!

세 번째.

작품
만들기

아래의 주소에서 준비물 구매가 가능합니다.
smartstore.naver.com/thaihandicraft
instagram.com/younjung.1229/

# 무한대 infinity 팔찌

무한대 팔찌는 외도래매듭을 변형하여 ∞ 모양으로 만든 팔찌이므로 일단 외도래매듭을 익힌 후에 만들어 보자.

**외도래매듭:** 주로 끈목의 끝을 풀어지지 않게 사용하며, 앞모양은 X, 뒷모양은 나란한 二 모양이 나온다. 외도래를 맺는 방법은 다양하지만, 여기서는 도구를 사용하지 않고 맺는 방법으로 만들어 보자.

### 재 료

❶ 꼰중사 50cm × 2
❷ O링

## 01.

꼰중사 한 가닥으로 연습하기 :
옭매듭(44p)하는 방식으로 고리를 만들어
실을 안으로 넣어준다.

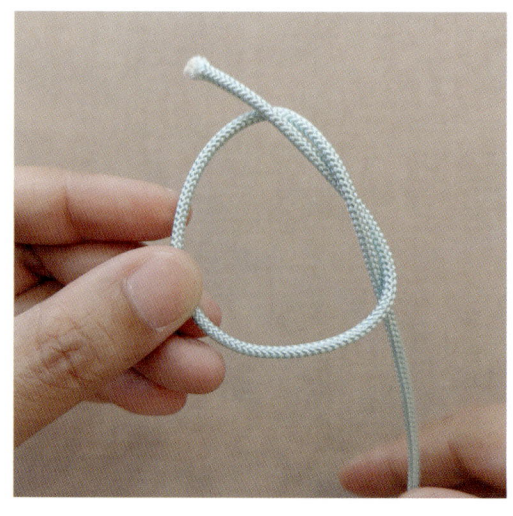

## 02.

같은 방향으로 실을 한 바퀴 더 돌려 감아준다.

> 외도래매듭(43p) 1번의 6번까지 다시 해보시라!

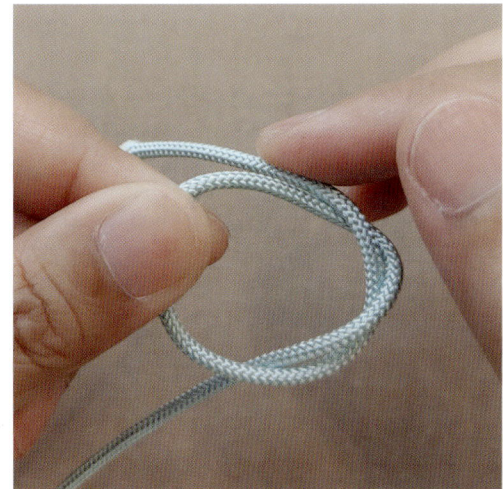

## 03.

끈 양쪽을 살살 잡아당겨주면 옆으로 누운 8자 형태가 나오는 걸 볼 수 있다.

> 8자를 반으로 접어주면 외도래가 된다. 그러나 우리는 여기서 stop!

**ORIGINAL** 외도래매듭

## 04.

연습이 끝났으면 이번엔 두 가닥으로 도전!
이제 실전이다!

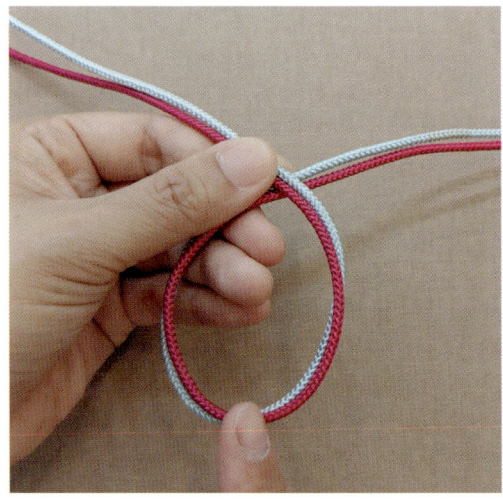

## 05.

두 가닥의 끈을 한꺼번에 잡고 중간쯤에 외도래매듭을 맺어 보자.

## 06.

8자를 찾았으면 빈 공간이 생기지 않을 정도로 살살 잡아당겨준다.

## 07.

두 가닥의 무한대 모양이 서로 겹쳐지지 않게 앞뒤 모두 정리해준다.

## 08.

묶는 방법을 익힌 후 한쪽에 O링을 끼워넣는다.

> O링은 실 두께에 맞게 선택한다.

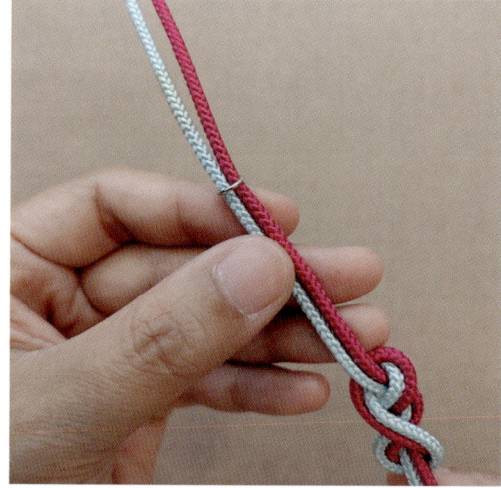

## 09.

양쪽을 옭매듭으로 묶어준다.

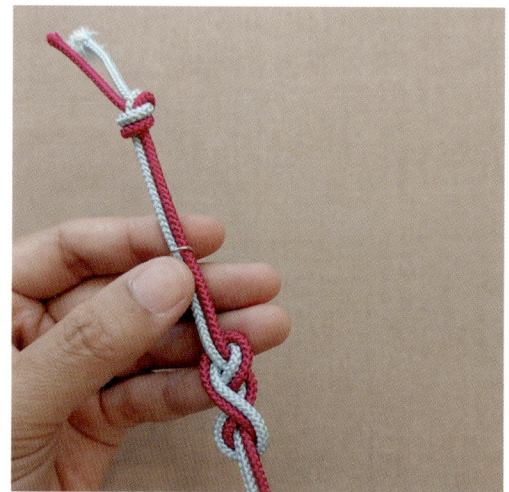

## 10.

팔목 사이즈에 맞춰서 매듭을 꽉 조인다.

> 동그라미 = 팔목 사이즈!

## 11.
양 끝은 바짝 자른 후 본드칠로 마무리.

**요렇게 조렇게**
**다양하게 착용할 수 있다.**

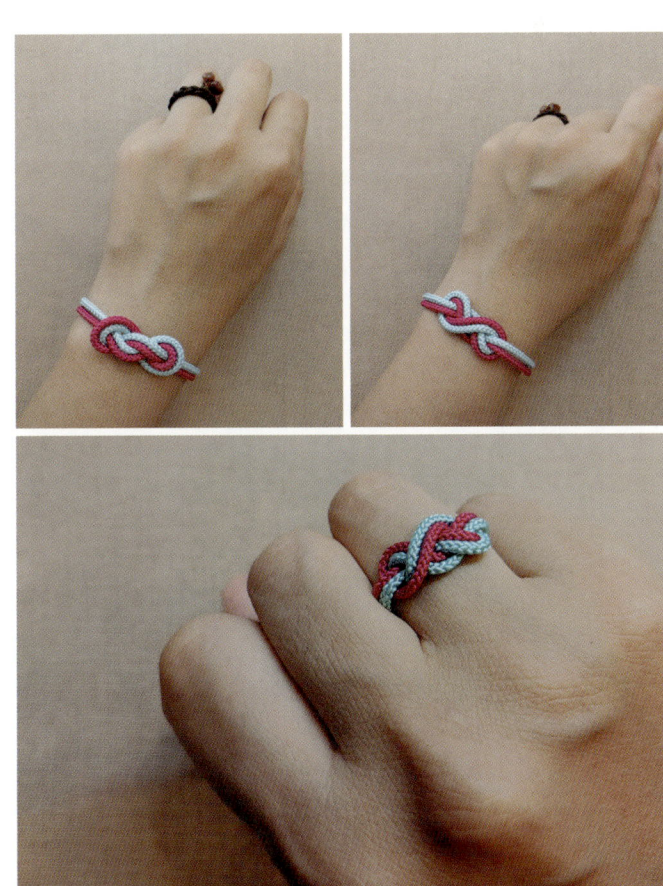

같은 방식으로 사이즈만
줄이면 반지가 된다.
재료 : 소사 30cm x 2, O링

# 왕가락지 목걸이

중사와 소사를 이용해 가락지를 만들고 크기가 다른 가락지를 이용해 어디서나 어울리는 심플한 목걸이를 만들어 보자.

### 재료

❶ 중사 50cm
❷ 중중사 100cm
❸ 소사 가락지 2개

## 01.

중사를 이용해 가락지(61p)를 한 개 만든다.

답비 사용법 참고

## 02.

목걸이 끈이 되는 중중사에 가락지를 모두 끼운다.

## 03.

가락지를 모두 끼운 후 양옆에 외도래매듭(43p)을 한다.

## 04.

잠금 방식 6번(34p)을 참고하여 마무리!

# 안경 스트랩

다양한 색상으로 만든 가락지로 안경 스트랩을 만들어 보자.

 재료

❶ 소사 110cm
❷ 소사 가락지 5개
❸ 소사 15cm

## 01.

재료 ❶을 반으로 접어 가락지 네 개를 양쪽에 골고루 끼운다.

## 02.

재료 ❶을 반으로 접어 생긴 고리에 남은 가락지 한 개를 끼운다.

> 마지막 가락지는 길이 조절하는 용도이다.

## 03.

2번에 표시해둔 center 부분에 재료 ❸으로 번데기매듭을 한다.

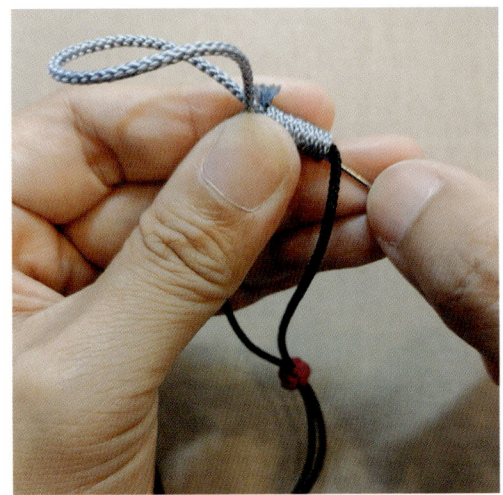

## 04.

번데기매듭 양 끝은 깔끔하게 자른다.

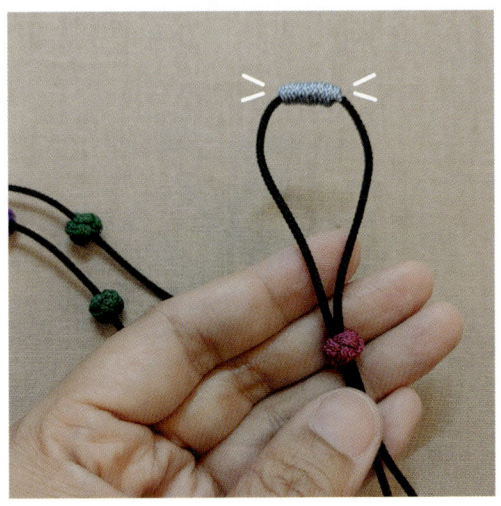

# 05.

고리 부분 만들기 : 양 끝에 남은 20cm 정도의 실을 활용하여 만든다.

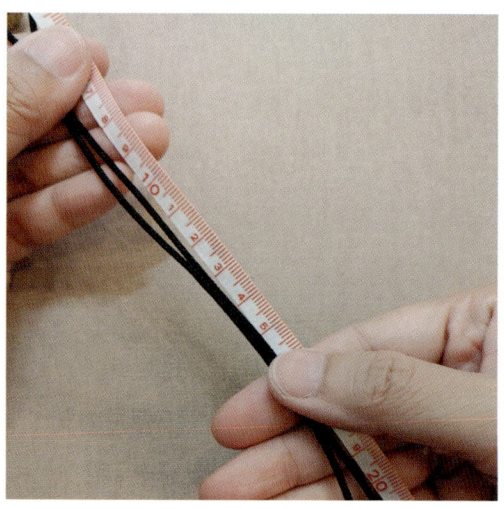

# 06.

5cm 내려와 고리가 만들어진 상태로 번데기매듭을 한다. (5~6바퀴)

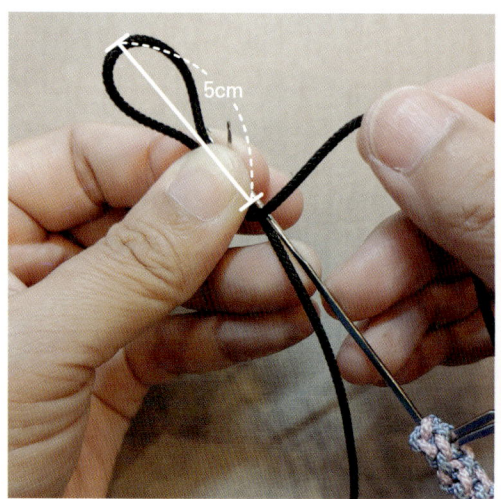

# 07.

남은 실은 옭매듭 후 자른다. 본드로 마무리한다.

# 08.

완성!

길이 조절 가락지

이름은 안경 스트랩이지만 여러 가지 방법으로 활용할 수 있다.

# 꽃고리

꽃모양의 장식으로 다양한 곳에 어울리는 아이템. 같은 사이즈의 꽃매듭 두 개를 만들어 가락지와 연결해서 붙이면 완성!

**꽃매듭의 비화:** 오래 전에 어떤 계기로 스스로 만들어 낸 매듭이라고 생각을 하고 있는데, 기억력이 짧아 확신할 수는 없다. 어디에서도 정확한 이름을 찾을 수가 없어서… 꽃매듭이라고 이름 붙였긴 하지만 이미 어딘가에 존재했던 매듭이라면 아마 기억의 혼돈이었으리라 어여삐 생각해주시길.

### 재료

❶ 중사 60cm x 2
❷ 소사 가락지 2개
❸ 소사 50cm

## 01.

재료 ❶ 한 가닥을 이용해, 동그라미를 만들어 실을 돌려 감는다.

> 옭매듭(44p)하는 방법과 동일하다.

## 02.

같은 방향으로 실을 한 번 더 돌려 감는다.

## 03.

시작점에 실을 조금 남겨둔 채 동그라미 안에 모양이 골고루 나오게끔 한다.

> 볼록 볼록 나온 부분이 꽃잎이 된다.

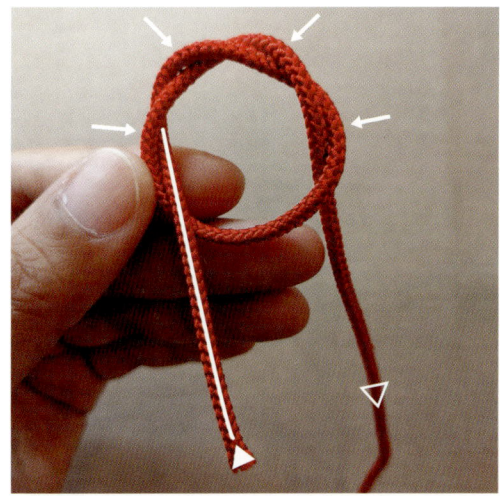

## 04.

시작실과 끝 실을 모아(3번에 표시한 ▲와 ▽) 모양을 동그랗게 오므린다.

> 이때 동그라미 사이즈는 오백 원짜리 동전이 걸쳐질 정도.

## 05.

시작점을 따라서 실을 모아주면 자연스럽게 두 줄이 만들어진다.

## 06.

이제 계속 시작실이 움직인대로 따라다니면 된다.

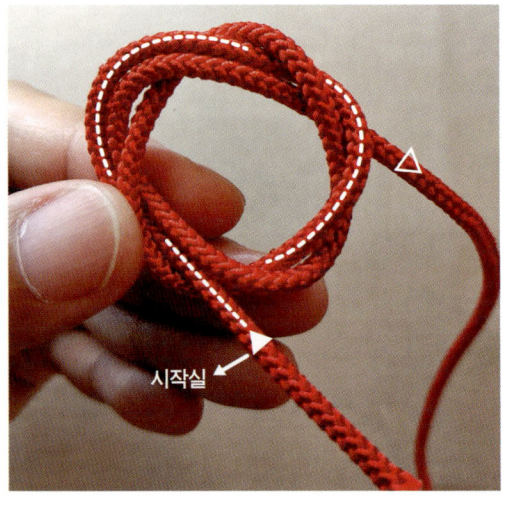

## 07.

움직이는 실은 항상 안쪽으로 따라 다닌다.

사진처럼 점선 바깥으로 나가지 않도록 주의!

## 08.

더 안쪽으로 계속 감다보면 전체가 두 줄이 되고 그 다음엔 세 줄이 된다.

## 09.

전체가 세 줄이 되고 가운데 구멍이 가락지가 딱 맞는 정도 크기가 되었다면 Very Good!!

## 10.

네 줄이 시작되는 부분에서 실을 자른다.

> 실은 붙였을 때 밖으로 보이지 않게 면의 중간쯤에서 잘라준다.

**11.**

자른 부분은 목공풀로 붙인다. 풀칠한 곳을 눌러서 고정한다.

> 붙인 곳이 안쪽 면이 된다.
> 막대기를 사용하면 손에 묻지 않게 붙일 수 있다.

**12.**

나머지 한 가닥도 같은 사이즈로 뚝딱~!

# 13.

❸으로 고리가 될 줄을 만든다.

> 도래(51p), 외도래(43p), 옭매듭(44p)
> 다 괜찮으니 가장 자신 있는 걸로!

# 14.

꽃 안쪽 면에서 답비를 끼워 고리용 실을 한 가닥 가져온다.

**15.**

가져온 실에 가락지도 하나 끼워준다.

**16.**

나머지 꽃도 똑같이 만든다.

# 17.

꽃의 위치를 정한 후 고리용 실은 서로 묶는다.

> 이 부분은 꽃 안으로 들어가서 고정될 예정.

# 18.

묶은 실은 여유를 약간 두고 자른다.

# 19.

꽃 한쪽 면에 목공풀을 골고루 얇게 펴 바른다.

> 처음부터 너무 많이 바르지 않도록 주의!

# 20.

양쪽 꽃을 붙인다.

> 꽃잎 끝이 잘 붙어야 모양이 예쁘게 나온다.

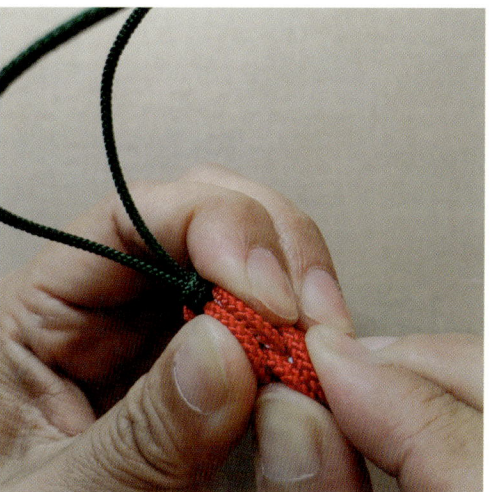

**21.**

완성!

# 왕꽃노리개

꽃모양이 화사한 노리개. 꽃고리와 같은 방법으로 꽃을 만들어 연결해가며 완성한다.

**노리개:** 고대부터 조선까지 여성의 몸치장에 쓰인 장신구이자 패물의 일종이다. 고려 시대까지 허리춤에 위치하던 노리개는 고려 말부터 저고리가 짧아지면서 가슴 선 밑으로 올라오게 되었다. 부귀다남 등 여러 여인들의 소망이 담긴 장신구의 역할을 했다.

### 재료

① 중사 60cm x 6
② 소사 가락지 7개
③ 소사 100cm
④ 봉술 18cm

---

## 01.

재료 ①로 꽃을 같은 사이즈로 6개 만든다.

> 꽃고리(113p) 참조

# 02.

재료 ❸으로 노리개 윗부분이 될 고리를 만든다.

> 고리는 약 10cm 정도, 도래매듭(51p)으로 고정한다.

# 03.

재료 ❸ 양쪽에 꽃과 가락지를 끼운다.

> 꽃고리(113p) 참조

# 04.

따로 실을 묶지 않고 목공풀로 양쪽 꽃을 붙인다.

# 05.

도래매듭을 하나.

## 06.

두 번째 꽃도 위의 방식을 반복해서 만든다.

## 07.

마지막 세 번째 꽃.

## 08.

봉술을 끼우기 전에 가락지를 끼운다.

# 09.

봉술 끼우기.

> 답비를 활용해 끼우면 편리하다.

# 10.

봉술을 끼웠으면 딱 붙여서 매듭을 짓고 자른다.

## 11.

풀리지 않게 본드로 마무리~!

## 12.

완성!

# 왕꽃코사지

꽃매듭을 크기가 다르게 만들어 층층이 쌓아서 연결하면 완성. 가방이나 옷에 달고 다니면 멋스럽게 연출 가능하다.

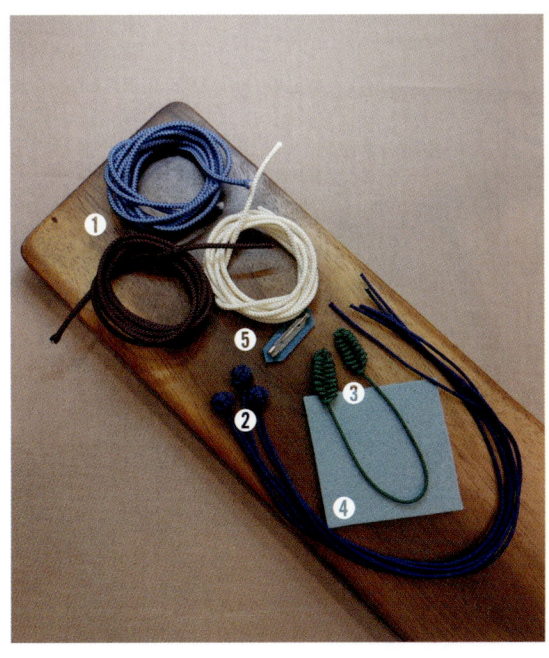

### 🌸 재료

❶ 중사 150cm x 1, 130cm x 1, 60cm x 1

❷ 소사 가락지 3개
: 110cm x 3, 중간에서 가락지매듭을 엮은 후 실 끝은 한쪽으로 모아 20cm 정도 남겨둔다.

❸ 소사 가로형 8자매듭
: 100cm x 1, 가운데 10cm 정도 남겨두고 양쪽에 가로형 8자매듭을 엮어준다.

❹ 펠트지

❺ 브로치 핀

## 01.

재료 ❶로 각각 크기가 다른 꽃매듭을 만든다. 아래 두 층의 꽃은 네 바퀴, 맨 윗층의 꽃은 세 바퀴를 돌려 감았다.

> 가운데 구멍은 가락지보다 크게 만들어도 된다.

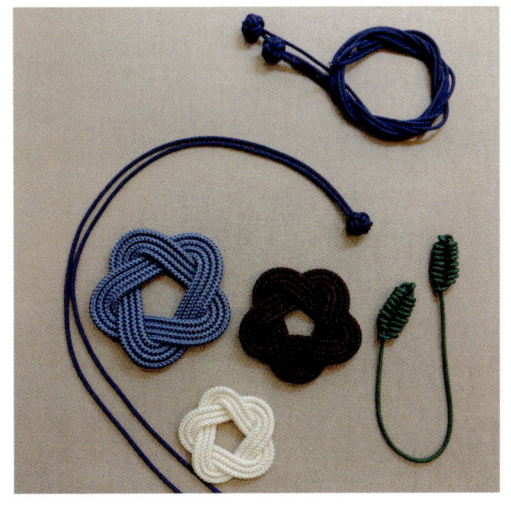

# 02.

만들어진 꽃매듭을 크기에 맞춰 목공풀로 붙인다.

# 03.

재료 ❸을 꽃 가운데 끼운다.

# 04.

재료 ❷로 가락지를 묶는다.

# 05.

자른 펠트지를 꽃잎 바닥면에 붙이고 반대편에 브로치 핀도 붙인다.

> 펠트지는 글루건을 사용해야 잘 붙는다.

## 06.

가락지 끝에 남겨놓은 실은 적당한 길이에 번데기매듭을 한다.

## 07.

남은 실은 싹둑~! 완성!

> 자른 후에 본드칠을 살짝 해주면 풀리지 않는다.

# 딩가딩가 팔찌

'딩가딩가 팔찌'는 악기를 연주하며 나오는 소리에서 따온 이름. 색색이 감은 팔찌에서 신나게 악기를 치며 흥겨운 모습을 상상해 보자.

**번데기매듭:** 전 세계적으로 많이 사용되는 매듭이며 우리나라에서는 그 감은 모양이 번데기와 흡사하다고 하여 붙여진 이름이다.

 재료

 소사 60cm x 4

## 01.

재료 ❶ 네 가닥을 옆으로 가지런히 놓는다.

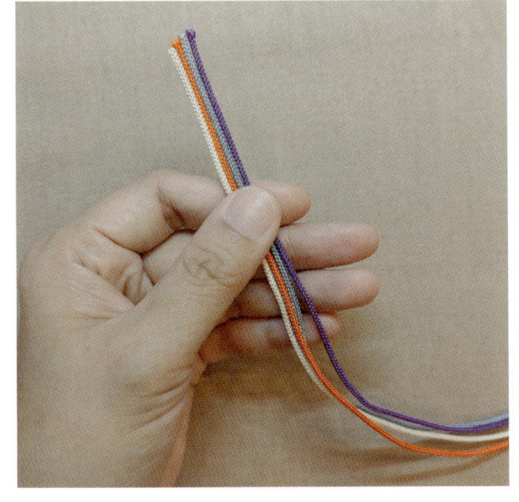

# 02.

1/3 지점을 체크해둔다.

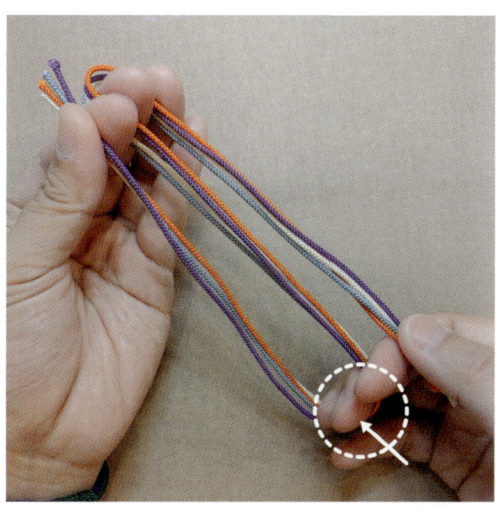

# 03.

1/3 지점에서 답비는 머리가 왼쪽으로 향하게 놓는다.

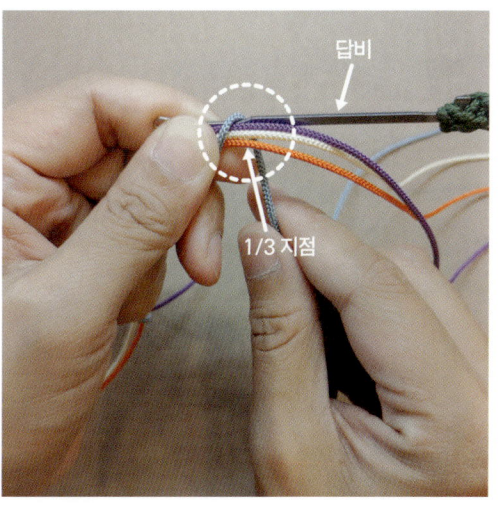

# 04.

첫 번째 실로 번데기매듭(56p)을 시작한다. 여기서는 6바퀴만.

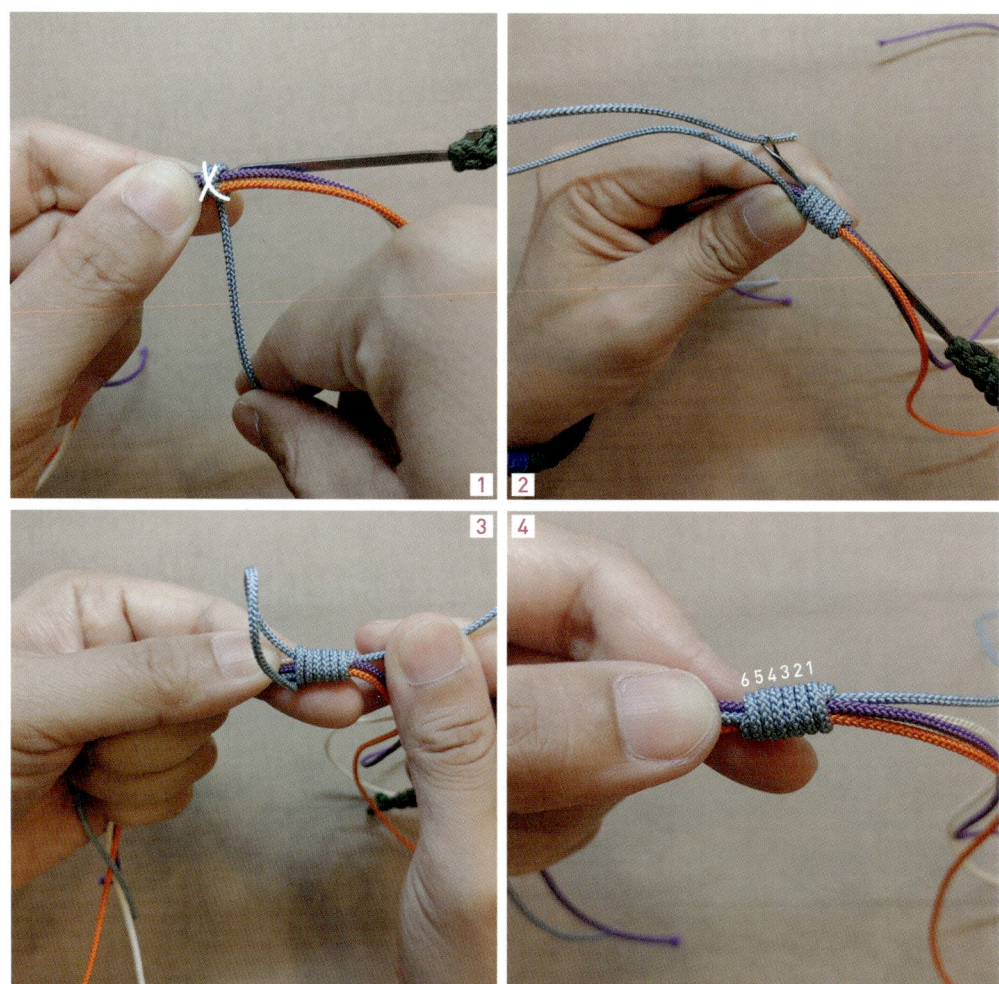

# 05.

두 번째 실은 완성된 번데기매듭만큼 간격을 띈 지점에서 시작한다. 감고 감고~

# 06.

세 번째 실도 마찬가지로 딩가딩가 ♪

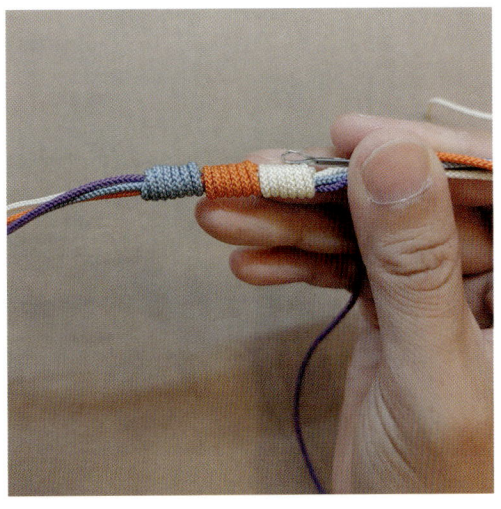

## 07.

네 번째 실도 똑같이 마무리.

> 만들어진 번데기매듭은 양쪽에서 실을 살짝 잡아 당겨주면 더 예쁘게 조여진다. 단, 매듭이 짧을 때만 가능!

## 08.

착용법(잠금 방식 2번-29p)을 먼저 숙지한 후 자신의 치수에 맞는 위치에 옭매듭(44p)을 한다.

> 처음부터 꽉 조이기보다는 양쪽에 옭매듭을 느슨하게 묶은 후 팔목에 착용해 보고 사이즈에 맞춰 조인다.

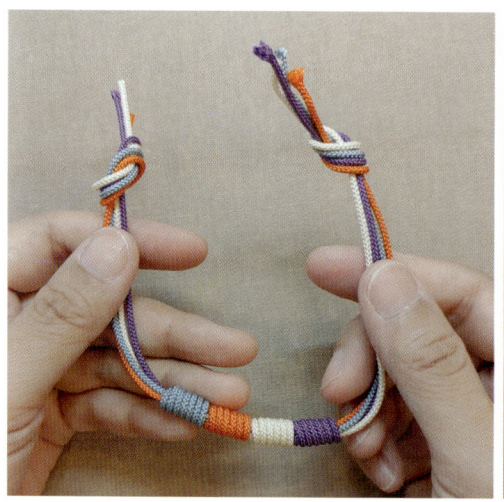

## 09.

깔끔하게 마무리하고 싶으면 끝을 자른 후 본드를 칠해준다.

> 끈소사의 경우 끝을 조금 남겨서 잘라두면 방울처럼 몽실몽실한 모양으로도 만들 수 있다.

# 딩가딩가 목걸이

'딩가딩가 팔찌' 응용편으로 더 얇은 실을 사용해 길게 만들었다.
팔찌와 마찬가지로 번데기매듭을 활용하였다. 얇은 실로 횟수를 많이 감았기 때문에
모양잡기가 좀 더 어렵고, 실이 길어져 복잡한 형태로 보이긴 하지만, 딩가딩가 팔찌와
같은 방식이니 겁먹지 말자. 분명 몇 번만 해보면 금방 모양이 나올 것이다.

 재료

❶ 세세사 150cm x 4
❷ 세세사 가락지 2개

## 01.

세세사로 만든 가락지를 재료 ❶에 끼운 후 옭매듭(44p)을 한다.

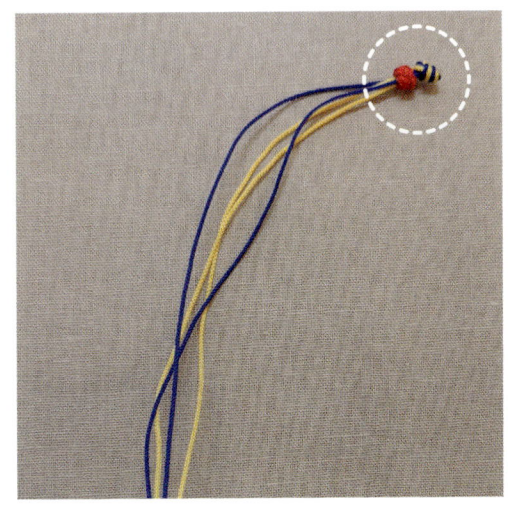

## 02.

적당한 길이를 띄우고 번데기매듭을 시작한다.

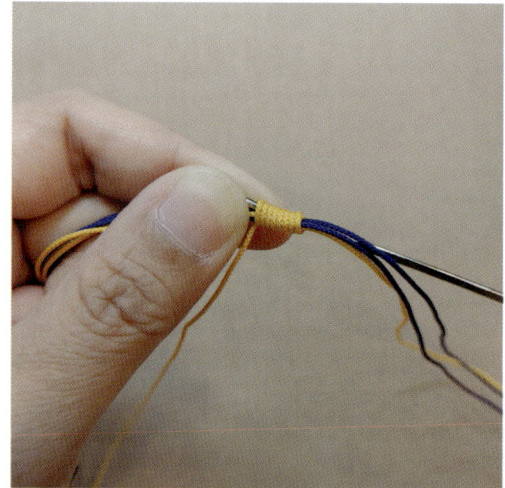

## 03.

전체적으로 고른 모양이 나오도록 힘을 조절해가며 감는다.

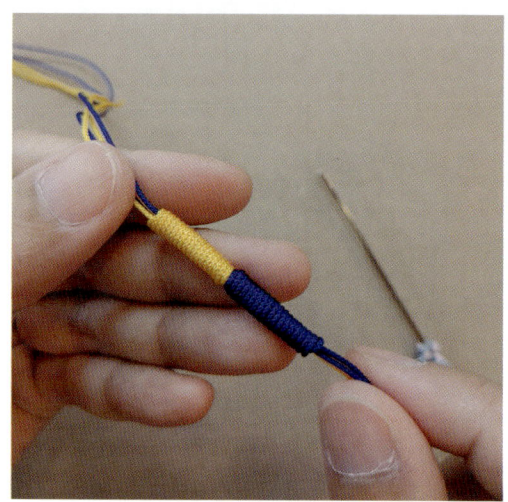

## 04.

간격을 맞춰가며 할 때는 감는 횟수를 똑같이 하면 된다.

> 간격이 제각각이어도 재밌는 모양을 연출할 수 있다.

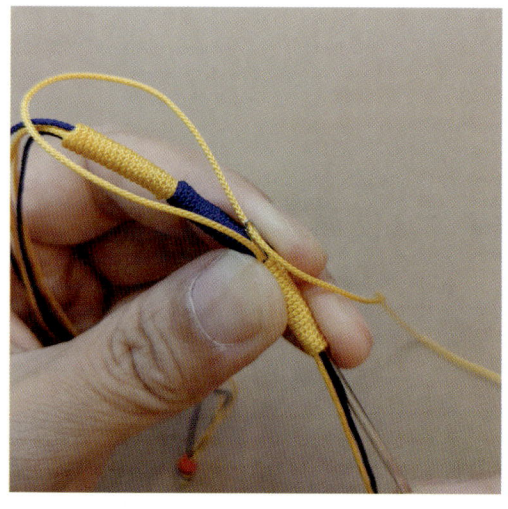

**05.**

네 가닥이 모두 색이 다를 경우는 상관없지만 두 가닥씩 색이 같은 경우는 실의 길이를 체크해가며 긴 실을 사용한다.

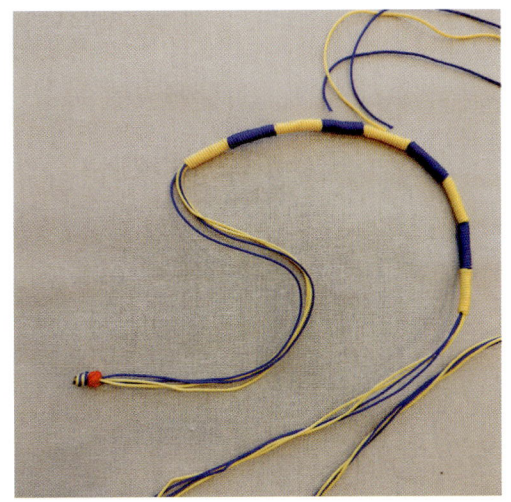

**06.**

계속 계속~

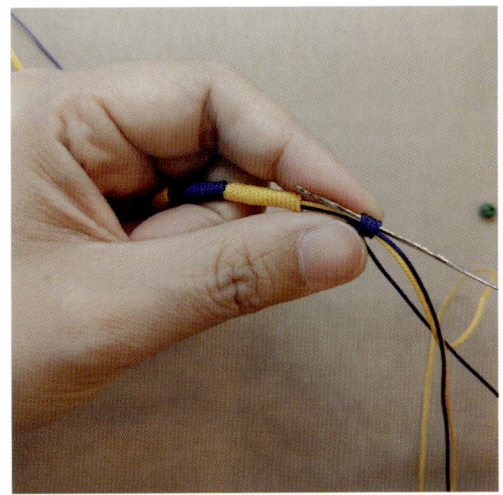

**07.**

원하는 만큼 매듭을 계속 한다.

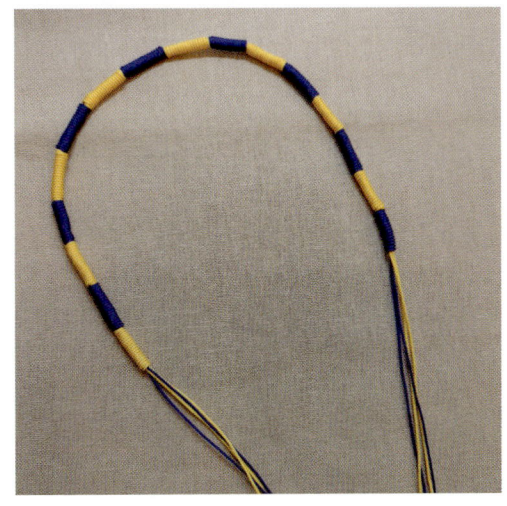

**08.**

시작 부분에 남겨둔 부분과 길이를 비슷하게 맞춘다.

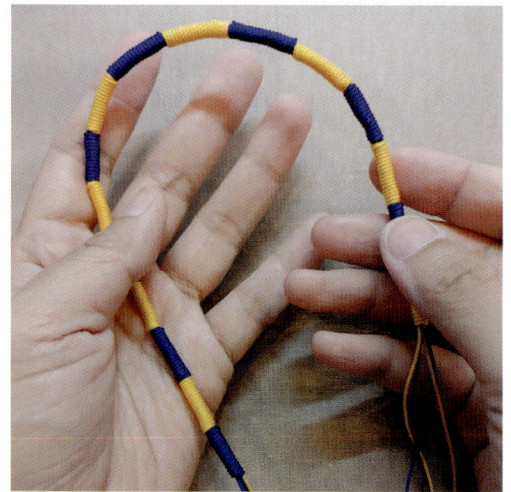

**09.**

세세사 가락지를 끼우고 옭매듭을 한다.

본드로 마무리하면 깔끔하다.

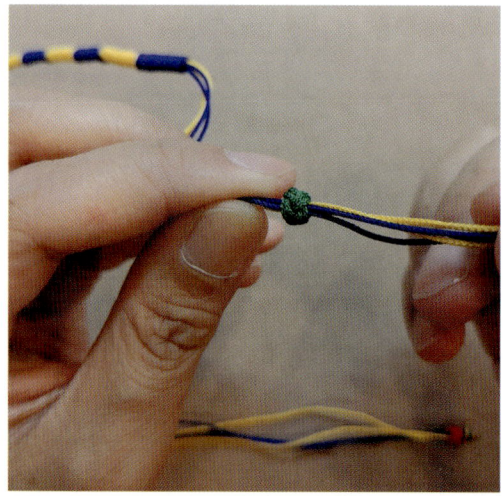

**10.**

잠금 방식 3번(31p)을 참고해서 마무리한다.

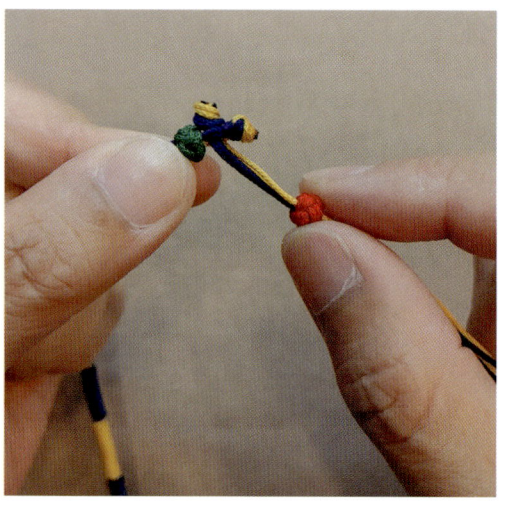

# Hug 고리

비교적 쉽게 따라할 수 있는 정자매듭을 반복하다 안아주는 모양으로 묶어서 마무리하는 장식용 고리.

**정자매듭:** 우물 정(井)자와 흡사하게 모양이 나온다 하여 붙여진 이름으로 한 방향으로 반복하여 나오는 원기둥 형태와 방향을 바꿔가며 반복하며 나오는 사각기둥 형태 두 가지가 있다. 집안 연장의 손잡이용으로 많이 사용하였고, 여인네가 아이를 낳을 때 문고리에 이 매듭을 맺어 잡아당기도록 하였다는데서 유래해 문고리매듭이라고도 불렸다. 득남, 순산, 다산의 의미를 갖고 있다 한다.

### 재 료

❶ 소사 100cm x 4
❷ 고리
❸ 리본 30cm

## 01.

재료 ❶을 10cm 정도 남겨두고 살짝 묶는다.

## 02.

묶은 부위를 잡고 실을 네 방향으로 펼친다.

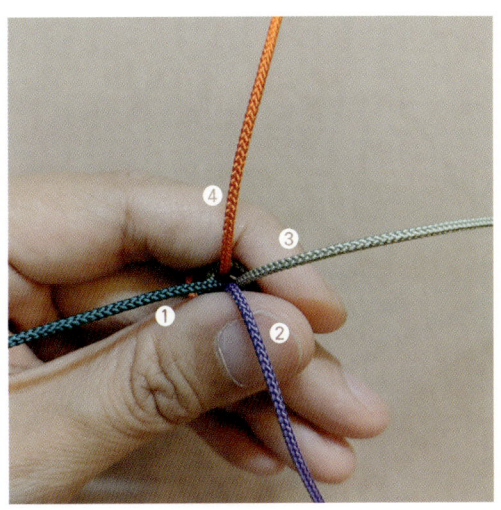

## 03.

❶을 ❷ 위로 넘긴 후 아래쪽에서 잡아준다.

> 넘긴 실은 안 보이게 하는 게 헷갈리지 않음

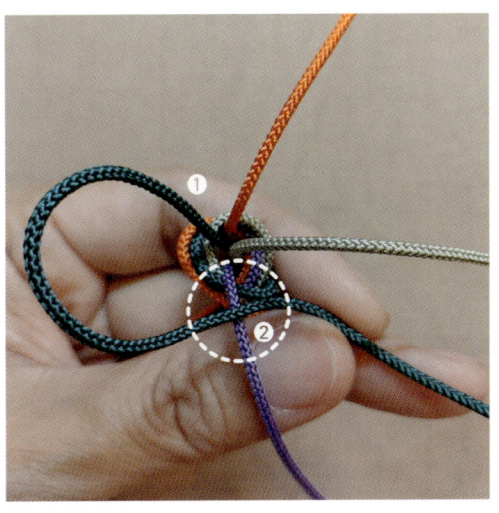

## 04.

❷는 ❸ 위로, ❸은 ❹ 위로 넘긴다.

## 05.

❹는 ❶ 고리 안으로 넣는다.

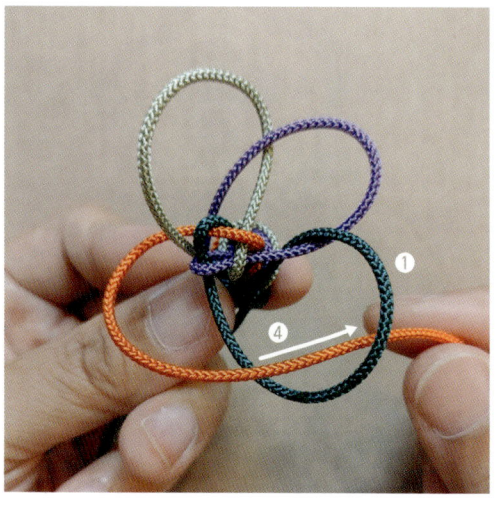

## 06.

네 가닥을 당겨 매듭을 조인다.

> 네 방향을 한꺼번에 조여야 모양이 고르게 나온다.

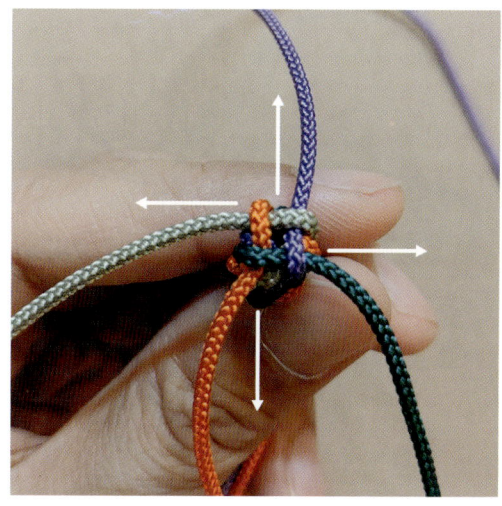

## 07.

반복 & 반복.

> 구멍을 작게 만들도록 연습해 보자.

## 08.

모았을 때 원하는 크기의 고리가 나오면 멈춘다.

## 09.

재료 ❷를 넣고 매듭을 모아서 안아주는 모양으로 형태를 잡는다.

## 10.

묶기 전에 1번에서 묶어둔 매듭을 푼다.

## 11.

남은 실 한 가닥으로 번데기매듭을 하고
실을 하나씩 당겨서 모양을 잡아준다.

> 풀리지 않게 묶어주는 역할이다.

## 12.

번데기매듭 위에 리본을 묶는다.

## 13.

각각의 실은 외도래 또는 옭매듭 후 자른다.

# 14.

깜짝 출연 : 사각기둥 형태의 정자매듭!

# 짚신도 짝이 있다네 브로치

속담처럼 어딘가에 있을 나의 짝을 찾길 바라는 마음, 짝을 찾은 사람은 오래오래 행복하라는 마음을 담은 브로치로 가로형 8자매듭을 사용했다.

**가로형 8자매듭**: 나뭇잎매듭으로도 알려져 있으며, 한 가닥으로 모양을 낼 수 있는 매듭이다.

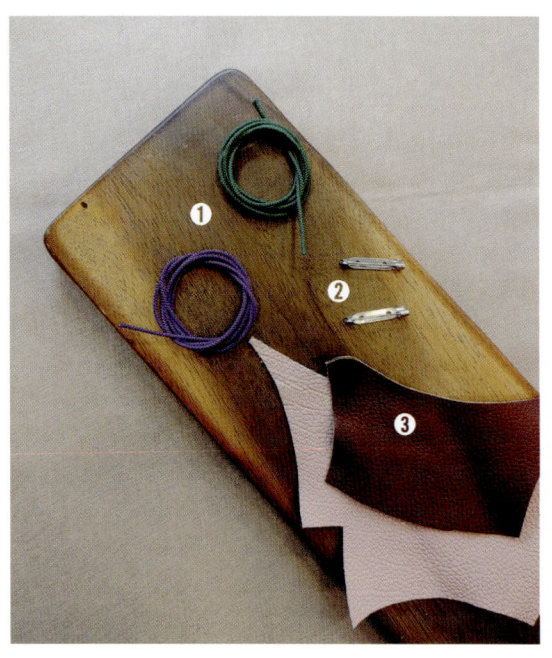

### 재료

① 소사 80cm x 2
② 브로치용 핀
③ 자투리 가죽

## 01.

가죽을 브로치용 핀 앞뒤로 접힐 정도로 자른다.

> 만들고 싶은 크기만큼 폭을 체크한다.

## 02.

재료 ❶을 반으로 접어 핀에 걸어준다.

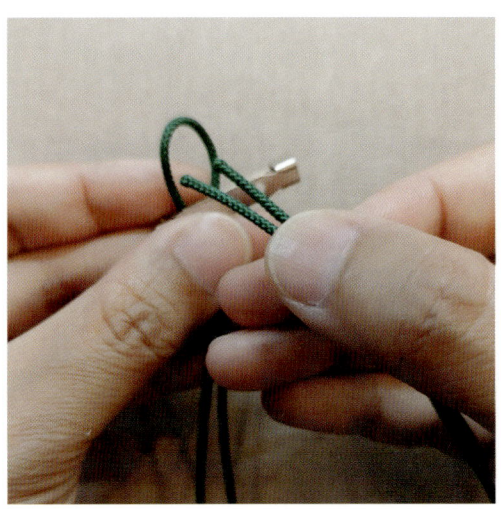

## 03.

실이 걸린 부분 위에 목공풀로 잘라 둔 가죽을 붙인다.

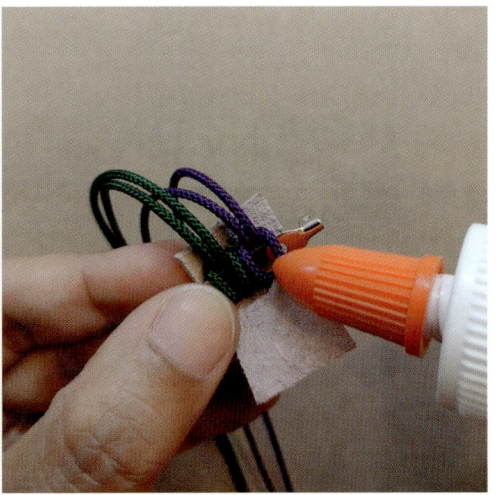

## 04.

핀이 잘 열리는지 체크, 가죽이 잘 붙도록 눌러준다.

## 05.

가로형 8자매듭 : 원하는 위치에 크기를 먼저 정해 고리를 만든다.

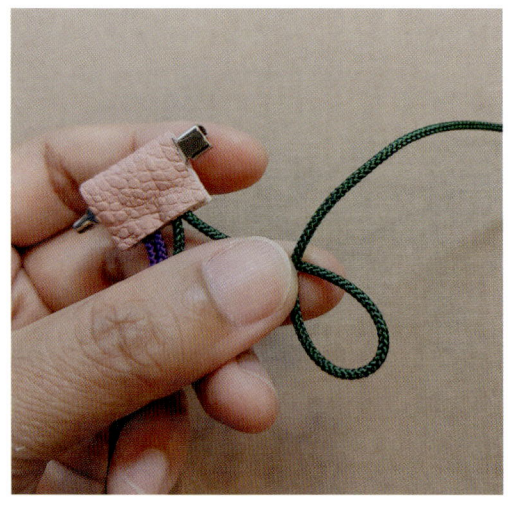

## 06.

실이 ◇를 감싸며 고리 아래에서 위로 나온다.

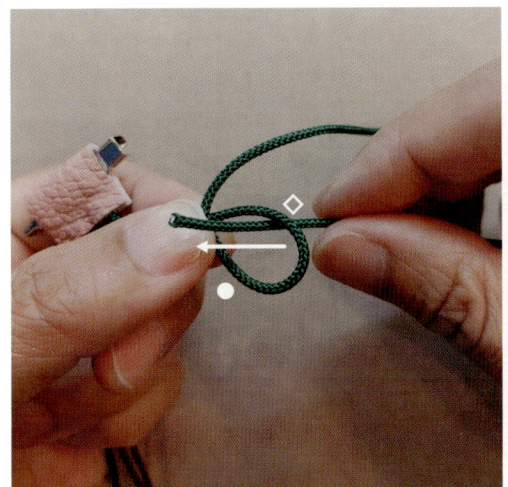

## 07.

실이 ●를 감싸며 고리 아래에서 위로 나온다.

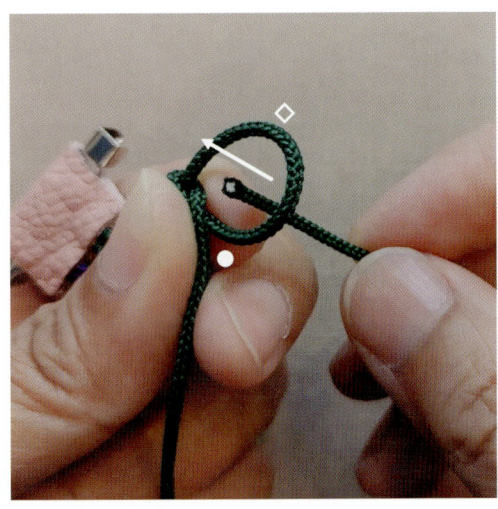

## 08.

◇과 ●를 번갈아가며 고리가 채워질 때까지 반복한다.

> 아래쪽에 차곡차곡 쌓는 느낌으로 모아준다.

## 09.

8자다!

## 10.

힘조절을 해가며 원하는 모양으로 만들어가야 한다.

## 11.

남은 실은 매듭 한쪽에 끼워 감춘다.

## 12.

매듭 한쪽에 끼우고 남은 실은 매듭과 가까운 곳에서 잘라준다.

## 13.

나머지 실도 같은 방법으로 매듭을 한다.

**14.**

완성!

# 괴나리봇짐 브로치

옛 선비들이 먼 길을 떠날 때 메고 다녔던 괴나리봇짐에서 모티브를 얻었다. 봇짐 안에는 메모를 담을 수 있어 남몰래 마음을 전할 때 선물해보는 것도 좋을 듯.

땋기와 감기를 익혀서 만들 수 있는 재밌는 브로치이다. 모시 대신 가죽이나 펠트지를 사용해도 또 다른 멋이 난다. 여기서는 가락지매듭을 달았지만 구슬을 달거나, 그동안 익힌 다른 매듭으로 솜씨를 뽐내봐도 좋다.

### 재료

❶ 소사 80cm x 3개
❷ 중중사 가락지 1개
❸ 모시 8cm x 30cm (가로 X 세로)
❹ O링, 고무줄, 메모지, 브로치용 핀, 펠트지 약간, 양면테이프

## 01.

메모지에 메시지를 적어서 돌돌 말아 붙여둔다.

 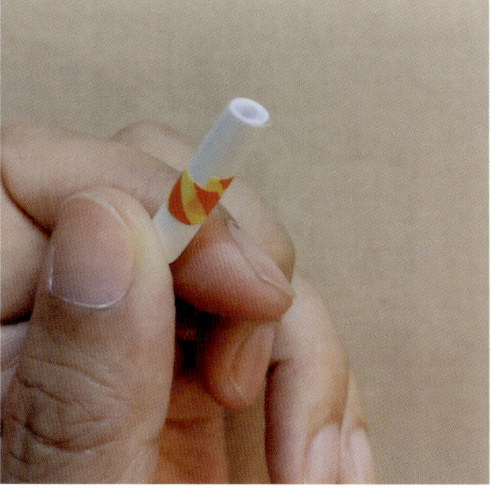

## 02.

모시는 위가 넓은 사다리꼴 형태로 잘라서 양끝과 윗부분은 깔끔하게 접어준다.

> 윗부분의 양쪽도 접기

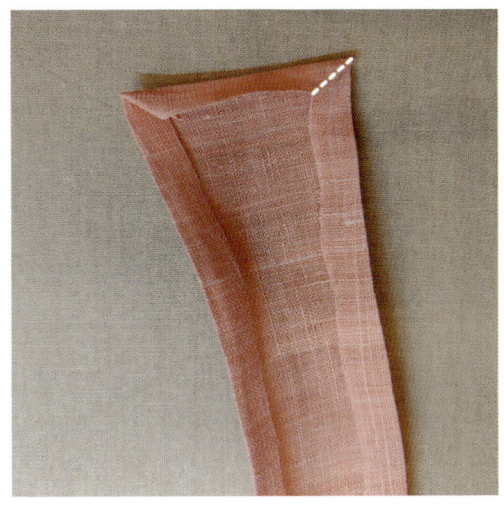

## 03.

메모지 + 펠트지 + 모시를 돌돌 만다.

> 말아보며 두께를 체크하고 펠트지를 잘라낸다.

# 04.

두께는 2.5~3cm 정도.

# 05.

브로치 핀 방향을 체크한 후, 봇짐의 넓은 면이 위로 향하게 하고 뒷면에 브로치 핀을 양면테이프로 붙인다.

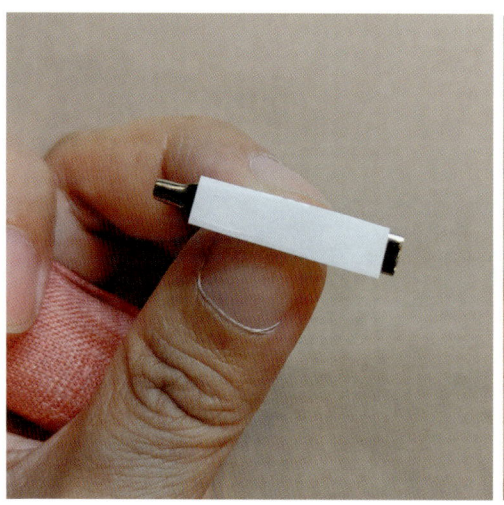 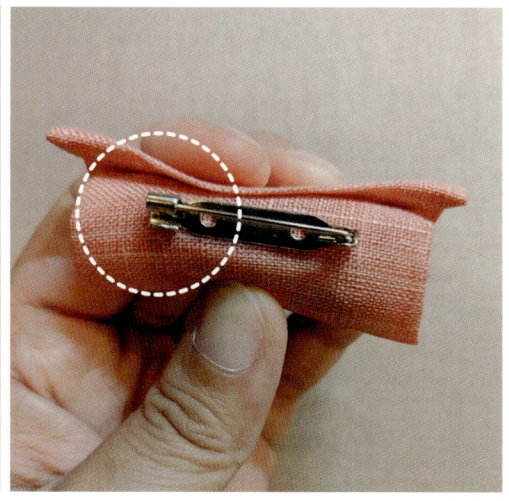

## 06.

고무줄로 일단 고정해둔다.

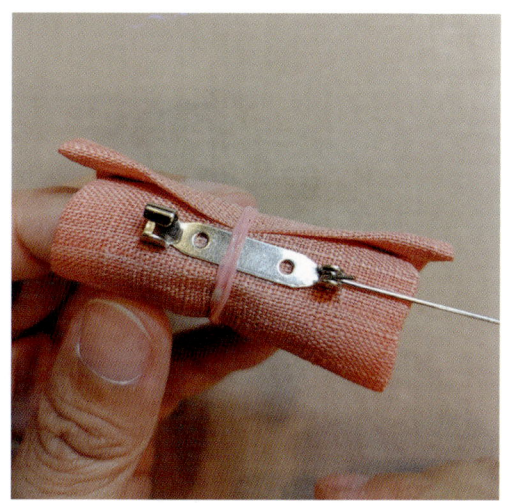

## 07.

재료 ❶은 세줄땋기를 한다.

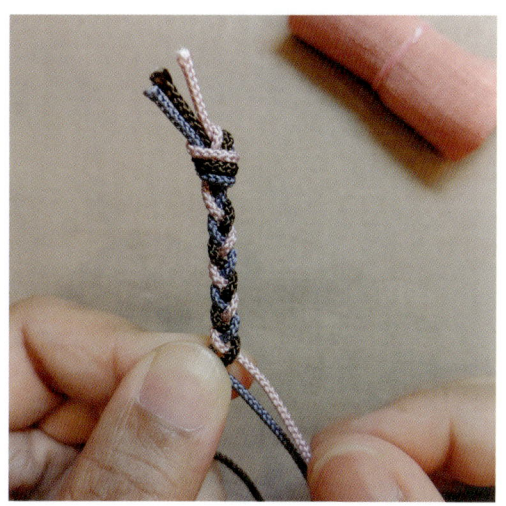

# 08.

핀 아래에서 땋은 실로 감기매듭(183p)을 한다.

> 핀을 연 상태로 진행
> 두 바퀴~세 바퀴 정도 감기

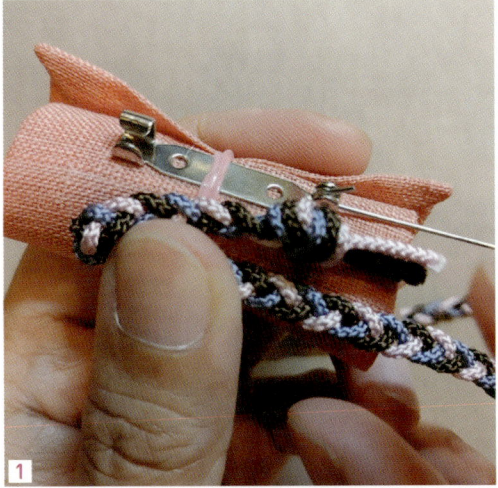

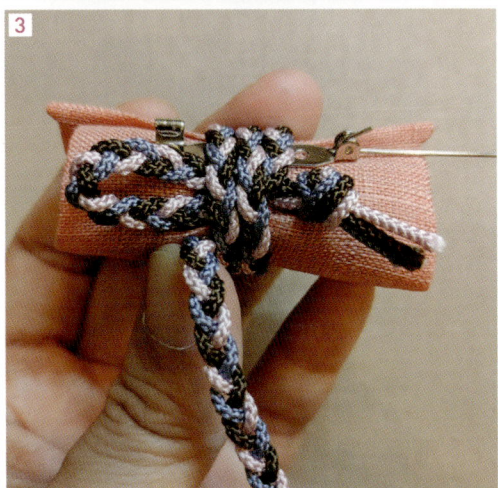

## 09.

땋은 실 양 끝은 잘라서 양면테이프를 붙인다.

 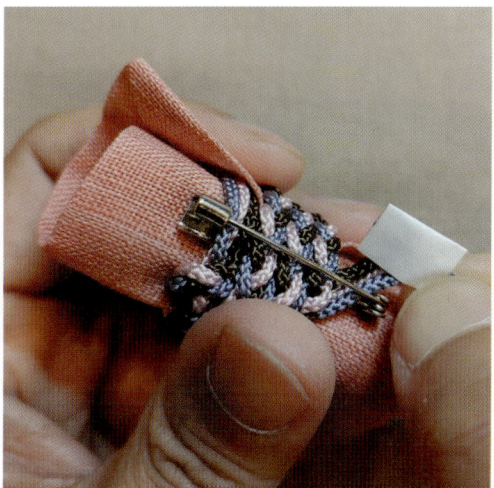

## 10.

모시 윗부분 안으로 숨기기.

## 11.

핀과 수직이 되는 지점에 있는 땋은 실에 가락지를 단다. (O링 활용)

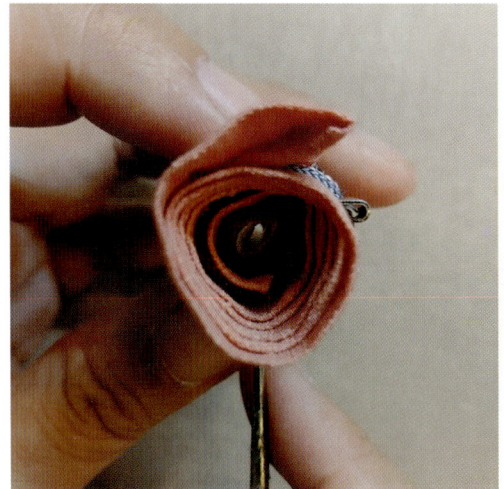 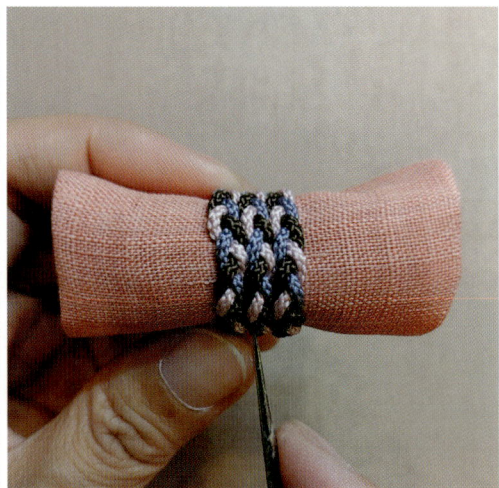

## 12.

다양한 매듭을 활용한 모습.

# 병마개 shut the mouth

동심결과 가락지매듭을 활용해 병을 재활용할 수 있는 마개를 만들어 보자.

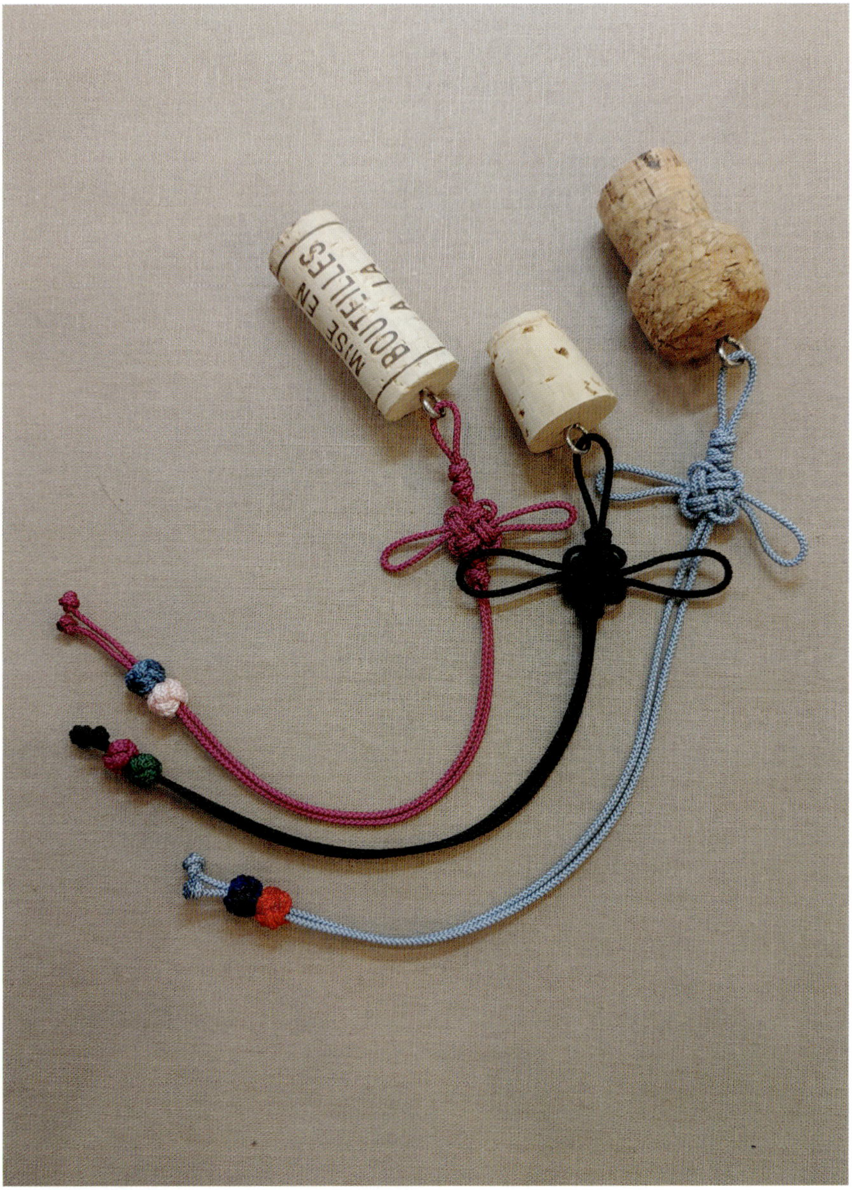

### 재료

① 소사 150cm
② 소사 가락지 2개
③ 고리형 나사
④ 코르크 마개

## 01.

재료 ①을 반으로 접어 고리형 나사를 끼운 후 도래매듭(51p)을 한다.

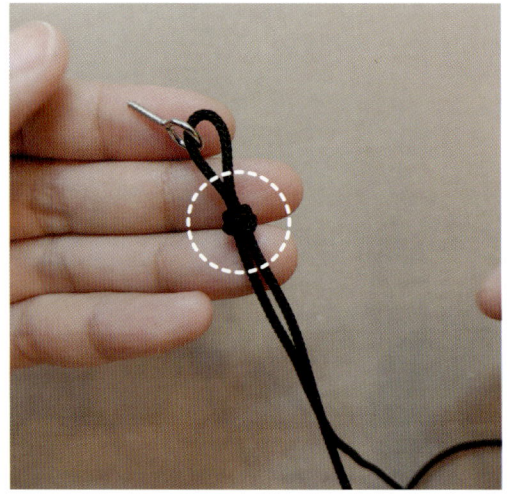

## 02.

도래매듭 아래에 동심결매듭(73p)을 한다.

> 도래매듭과 붙여서 동심결이 나오도록 간격을 잘 계산하시랍!

## 03.

동심결매듭 아래에 도래매듭 하기.

## 04.

남은 실에 가락지매듭을 끼운다.

> 가락지매듭이 느슨하지 않아야 한다.

## 05.

도래매듭 아래 20cm 정도에
각각 외도래매듭을 한다.

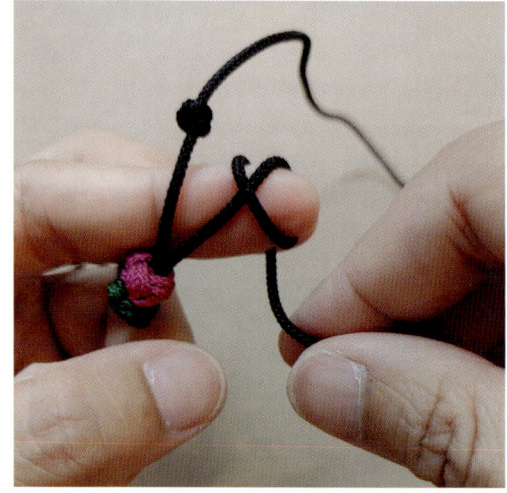

## 06.

고리형 나사를 코르크 마개에 연결한다.

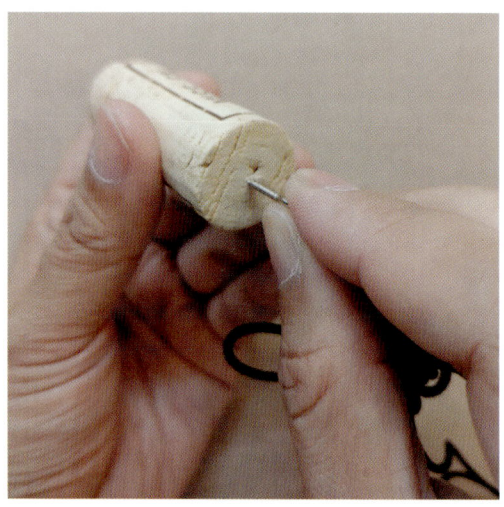

## 07.

완성!

**08.**

가락지매듭으로 병에 마개를 걸어서
사용해 보자.

**에피소드** : 뮤직페스티발에서 이 마개를 단 맥주병을 들고 다니며 음악을 즐긴 적이 있다.
내 병 표시도 확실했지만, 김빠짐이 없는 맥주라니…. 그리고 사람들의 시선~ 크아~~

과도한 음주는 건강에 해롭습니다.

# 동심결 장식

구슬과 매듭을 활용해 가방, 부채 등에 달 수 있는 장식을 만들어 보자.

### 재료

① 소사 100cm × 2
② 구슬 4개
③ O링
④ 열쇠고리

## 01.

재료 ①로 두 가닥 동심결(73p)을 만든다.

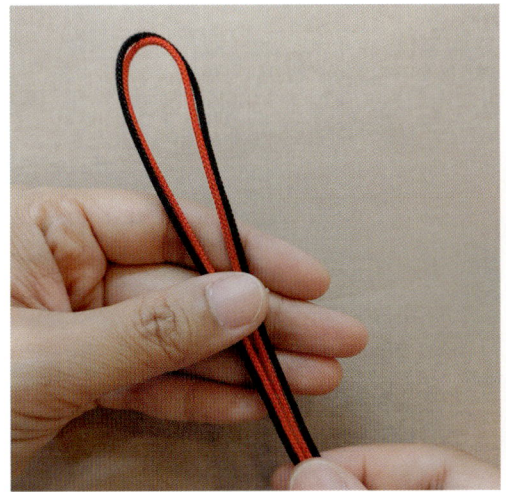

**02.**

실이 꼬인 부분이 없도록 정리한다.

**03.**

동심결매듭 완성!

**04.**

실에 구슬을 끼운다.

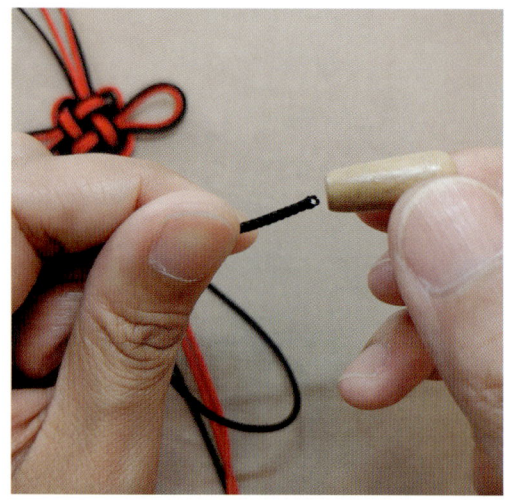

## 05.

적당한 길이에 옭매듭(44p) 후 자르기.

## 06.

나머지 실도 같은 방법으로 구슬을 끼우고 옭매듭 후 자른다.

자른 부분은 본드로 마무리

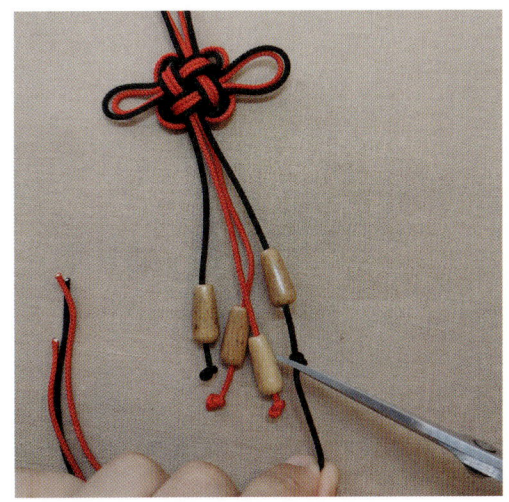

## 07.

O링과 열쇠고리를 매듭에 단다.

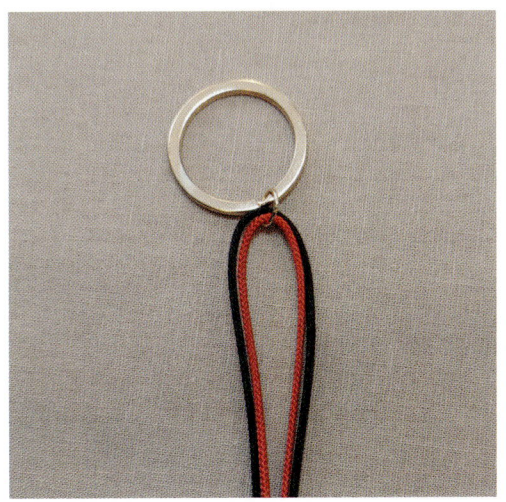

**08.**

완성!

**09.**

여기저기 매달아 사용할 수 있다.

# 오벌가락지 받침

면끈을 이용해 화분이나, 컵 등을 받칠 수 있는 받침을 만들어 보자.

**감기매듭**: 실을 정리하거나 포인트를 줄 때 많이 사용한다. 고리를 먼저 만들고 감은 실 끝을 고리 안에 넣어 반대쪽에서 당겨준다. 번데기매듭과 싱크로율 80%!

### 재료

① 면끈 200cm
② 세세사 60cm x 3개

## 01.

면끈의 시작점에 재료 ❷를 이용해 감기매듭을 한다.

## 02.

고리 방향으로 차곡차곡 감는다.

## 03.

원하는 만큼 감았으면 고리쪽에 실을 넣고 반대쪽에서 당겨준다.

## 04.

실이 걸린 부분이 감은 실의 중간쯤 들어왔을 때 양 끝을 잘라낸다.

## 05.

면끈으로 오벌가락지(69p) 만들기.

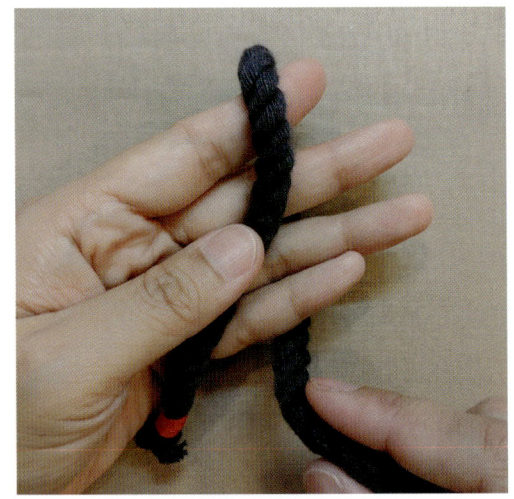

## 06.

크기 맞추기 쉽지 않다. 파이팅~!

## 07.

공간이 다 채워지면 마무리하는 것도 방법.

## 08.

반대쪽 실 끝에도 감기매듭.

> 실로 ------- 부분을 연결해주면 더욱 깔끔한 받침이 된다.

## 09.

포인트로 감기매듭 하나 더!

## 10.

완성!

# 별똥별 세트

밤하늘에서 떨어진 별똥별을 간직하고픈 사람을 위한 아이템.

번데기매듭을 어느 정도 익혔다면 가는 실로 도전해 보자. 가는 답비를 사용하는 것이 좋다.

### 재료

❶ 세세사 500cm, 20cm
❷ 귀걸이용 고리

## 01.

별똥별은 좌, 중앙, 우 이렇게 세 개를 묶어서 만든다. 좌우는 20cm, 중앙은 40cm 정도의 실을 사용한다.

> 도안에 표시된 숫자는 감는 횟수이다.

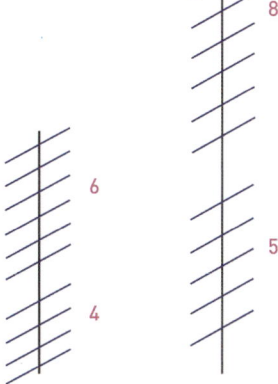
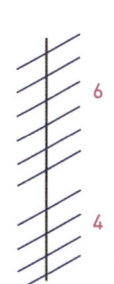

## 02.

그림을 참고하여 번데기매듭을 만든다.

## 03.

만들어진 매듭을 연결한다.

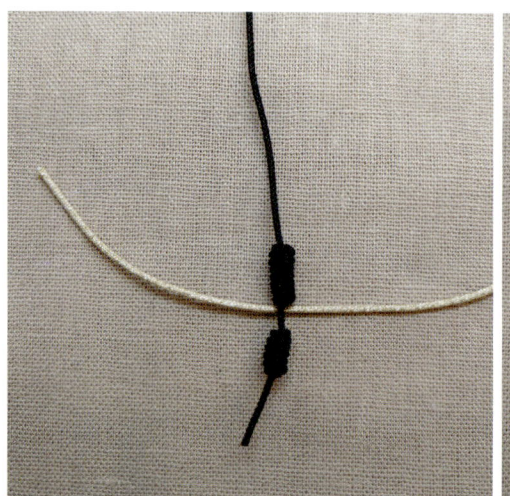

## 04.

묶을 실 – 중앙 – 좌 – 우 순서로 포개어놓고 묶는다.

## 05.

남은 실은 깔끔하게 잘라낸다.

## 06.

실에 골고루 본드칠을 해주어 모양을 단단하게 만든다.

> 마를 때까지 주의!

# 07.

별똥별은 목걸이 실 가운데에 번데기매듭으로 연결한다.

> 본드칠로 마무리!

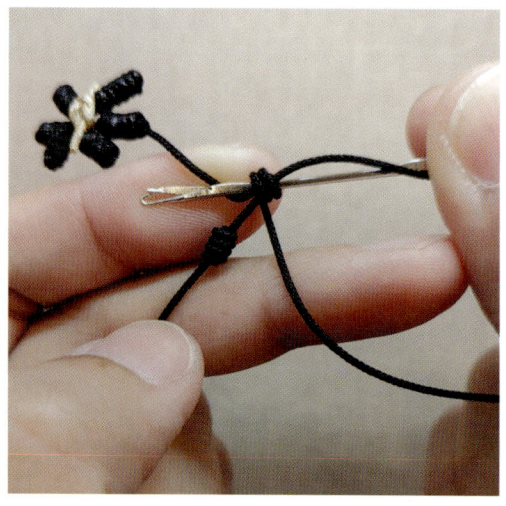

# 08.

목걸이 실 중간중간 취향에 맞게 번데기매듭을 한다.

## 09.

잠금 방식(28p)을 선택하여 마무리한다.

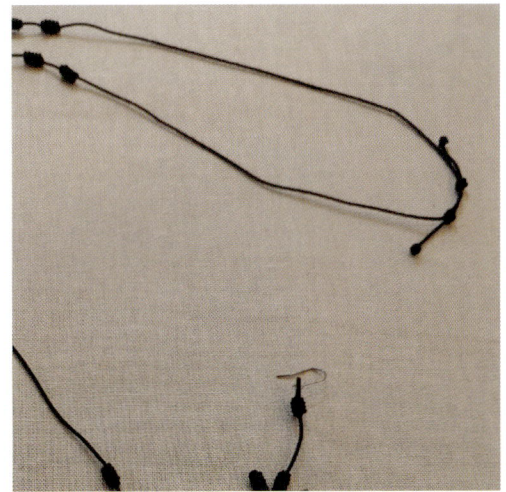

## 10.

귀걸이는 별똥별을 귀걸이 고리에 걸어서 마무리하면 된다.

## 11.

세트 완성!

# 연봉매듭 선추

선추는 부채에 다는 장식으로, 여기서는 사각끈으로 아랫부분을 만들고 구슬과 감기매듭을 활용하여 마무리하였다.

**연봉매듭** : 맺어 놓은 형태가 연꽃 봉오리와 비슷하다 하여 붙여진 이름으로, 단추 대용으로 많이 사용되어 단추매듭으로도 불렸다. 할머니들은 연봉매듭 맺는 법을 잊으면 죽을 때가 되었다고 할 정도로 일상생활에서 많이 쓰던 매듭이다.

### 재 료

① 사각끈 50cm
② 소사 80cm
③ 감는 실 두 색상
④ 구슬

---

## 01.

연봉매듭 익히기.
총 여섯 개의 공간을 만들자.
2-1과 2-2 사이의 벽이 center가 된다.

| | |
|---|---|
| 3-1 | 3-2 |
| 2-1 | 2-2 |
| 1-1 | 1-2 |

## 02.

center를 표시해두는 것이 실을 조일 때 편하다.

## 03.

누워있는 S를 만든다.

## 04.

●가 가운데를 나눈다.

## 05.

◇가 가운데를 나눈다.

3-1, 2-1, 2-2, 1-2가 뚝딱 지어졌다.

현재 상황

| | |
|---|---|
| 3-1 | 3-2 |
| 2-1 | 2-2 |
| 1-1 | 1-2 |

## 06.

◇가 3-1로 올라오며 3-2를 만든다.

## 07.

●가 1-2로 올라오며 1-1을 만든다.

## 08.

● 가 2-2 아래로 내려간다.

## 09.

◇ 가 2-1 아래로 내려간다.

## 10.

균형잡힌 꽃 모양이 드러난다.

# 11.

center를 잡아당기고, 아래매듭은 조물락거리며 모양을 만들어낸다.

# 12.

어느 정도 조여졌으면 실을 정리한다.

# 13.

송곳을 사용해 center를 맞춰가며 윗부분 실을 줄인다.

# 14.

실을 줄일 때는 매듭이 풀어지지 않게 잘 잡아준다.

# 15.

재료 ❷는 반으로 접어 도래매듭(51p)을 한다.

## 16.

구슬을 끼우고 다시 도래매듭.

## 17.

연봉매듭 연결하기.

> 연봉매듭 안에 실을 끼운 후 두 줄 가락지매듭

# 18.

연봉매듭 아래 부분에 가는 실로
감기매듭을 한다.

> 가는 실로 여러 색을 감는 것은 쉽지는 않지만,
> 계속 연습하다보면 익숙해진다.

# 19.

여러 색 실을 감을 땐 층의 수만큼 실을 잘라놓고 한꺼번에 시작한다.

> 여기서는 3층으로 할 것이기 때문에 세 가닥으로 시작한다.

**20.**

첫 번째 실로 감기매듭 시작.

**21.**

2, 3층도 같은 방법으로 반복.

**22.**

남은 실은 자른다.

## 23.
감기매듭으로 포인트를 더 준 후 마무리!

# 잠자리 책갈피

잠자리 모양의 매듭을 이용해 책갈피를 만들어 보자.

**잠자리매듭** : 귀주머니 등에 많이 사용되었다. 연봉매듭으로 머리를, 날개매듭으로 잠자리날개, 도래매듭으로 몸통을 만든다. 잠자리매듭은 멋스러운 모양 때문에 그 자체만으로도 활용도가 높다.

### 재료

❶ 소사 100cm
❷ 소사 가락지 2개
❸ 책갈피 고리
❹ O링

## 01.

재료 ❶로 연봉매듭(194p)을 한다.

## 02.

날개매듭 : 연봉매듭을 아래로 향하게 하고 두 가닥의 끈을 서로 한 번 묶어준다.

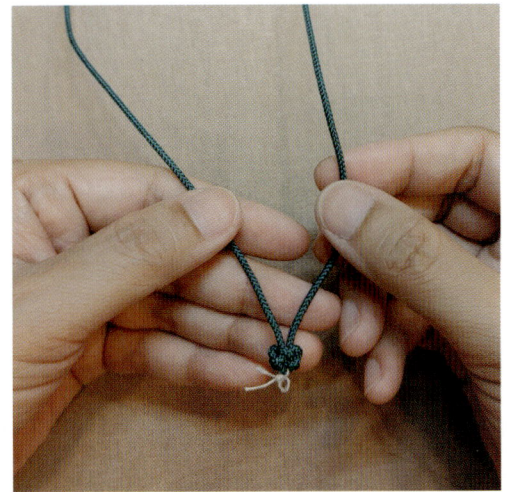

## 03.

천천히 조여가며 작은 판을 만든다.

> 날개매듭은 이 판 위에서 만들어진다.

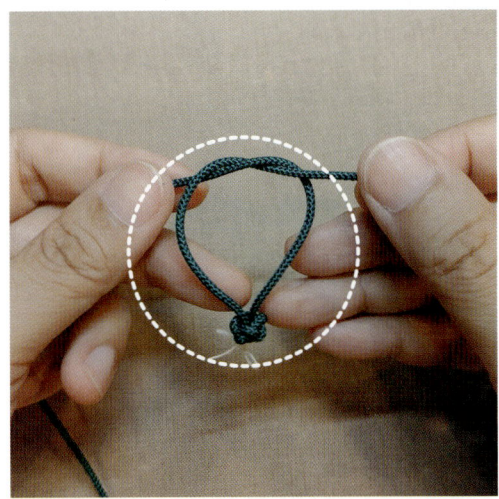

## 04.

관찰 : ●는 판 위에, ◇는 판 아래쪽에 내려가 있다.

**05.**

●는 판 위에서 반대쪽으로 넘기며 날개 모양을
만든다.

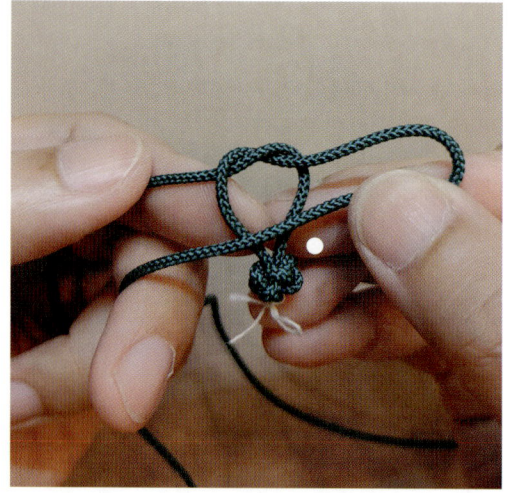

**06.**

◇는 판 아래에서 반대쪽으로 넘기며
날개 모양을 만든다.

**07.**

◇는 날개를 감싸며 아래에서 위로 올라와서
오른쪽 구멍으로 나간다.

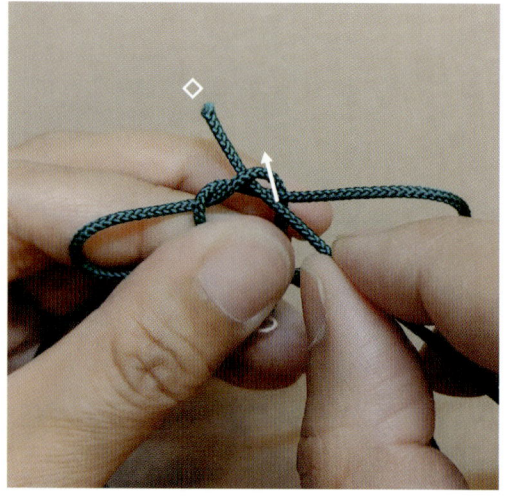

## 08.

●는 날개를 감싸며 위에서 아래로 내려가서 왼쪽 구멍으로 나간다.

> 날개매듭 정리 : 판위에 있는 실은 판위에서 날개를 만들고, 날개를 걸어 아래쪽으로 갔다가 자기가 있는 쪽 구멍으로 나간다. 반대쪽도 마찬가지다.

## 09.

날개를 양쪽으로 잡아당기며 가운데 모양을 조여준다.

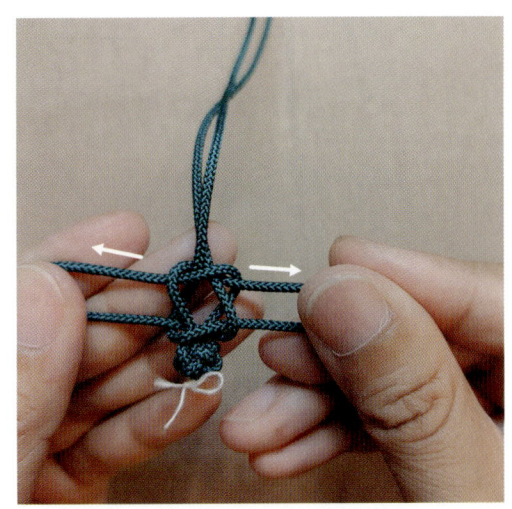

## 10.

가운데가 풀리지 않게 잡고 날개 길이를 맞춘다.

## 11.

날개매듭 하나 더!

## 12.

날개 길이에 맞춰 도래매듭(51p)을 7~8개 한다.

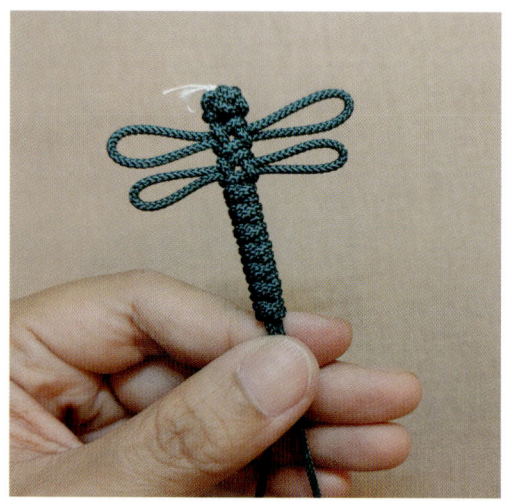

## 13.

가락지매듭 끼우기.

### 14.

도래매듭으로 마무리한다.

> 자른 후에는 본드칠

### 15.

O링을 이용해 잠자리매듭과 책갈피 고리를 연결한다.

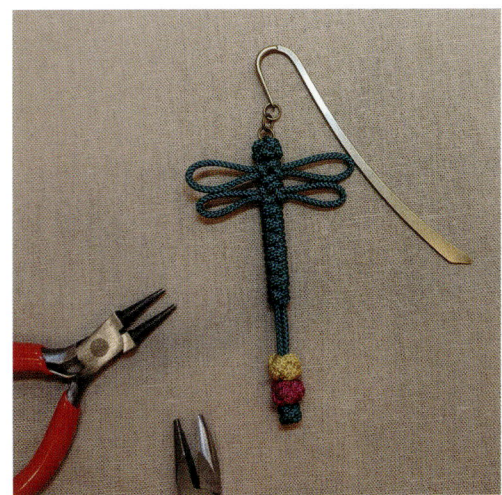

### 16.

이렇게 선물해 준다면..뜨아~!

**17.**

착용샷.

**18.**

타이끈(천끈)을 이용한 잠자리떼.

연봉매듭 대신 가락지매듭을 머리로 사용했다.

# 운수 좋은 날 브로치

구름에서 물이 떨어지는 모양의 브로치이다. 구름 운(雲), 물 수(水)의 음만 따와서 이름을 붙였다. 생각을 어떻게 하는가에 따라 비가 오는 날이 억세게 운수 좋은 날이 될 수도 있지 않을까.

**자리매듭** : 평평하고 넓적한 모양으로 나오는 자리매듭은 설명으로만 따라하기는 좀 어렵다. 편의를 위해 여기서는 도면화하였으니 순서대로 따라가며 연습을 해 보자. 몇 번 따라하다보면 금방 요령이 생길 것이다.

### 재료

❶ 소사 110cm x 2
❷ 브로치용 핀
❸ 구슬
❹ O링

## 01.

도면 살피기.

> 실을 반으로 나눠 왼쪽 실 – 오른쪽 실 순으로 움직인다.
> 번호 순서대로 차근차근 따라하다가 화살표를 보고 실을 위, 아래로 움직인다.

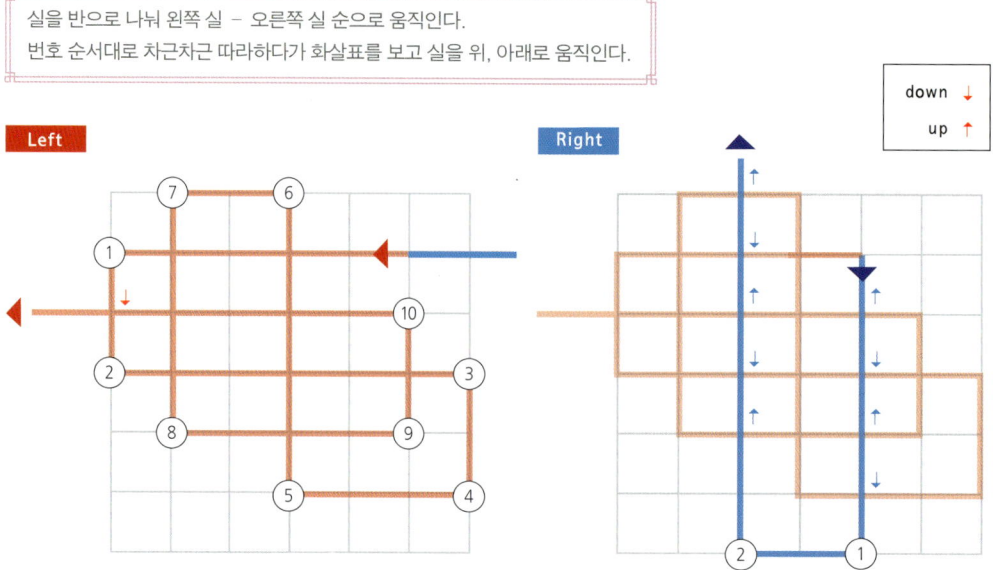

## 02.

재료 ❶ 한 가닥을 반으로 접어 중심을 만든 후 먼저 왼쪽 실이 움직인다.

> 연봉매듭처럼 여러 개의 방을 만든다고 생각하자.

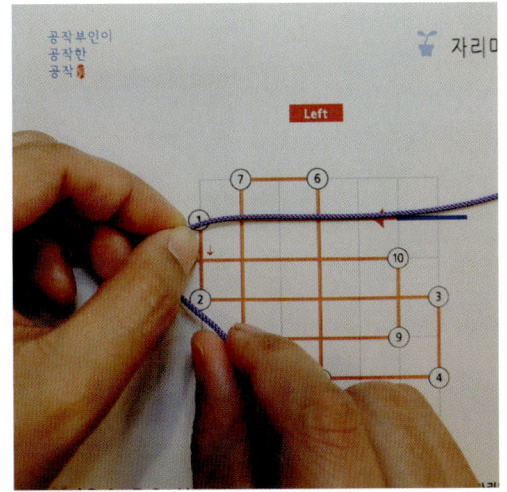

## 03.

방들이 무너지지 않게, 조심조심.

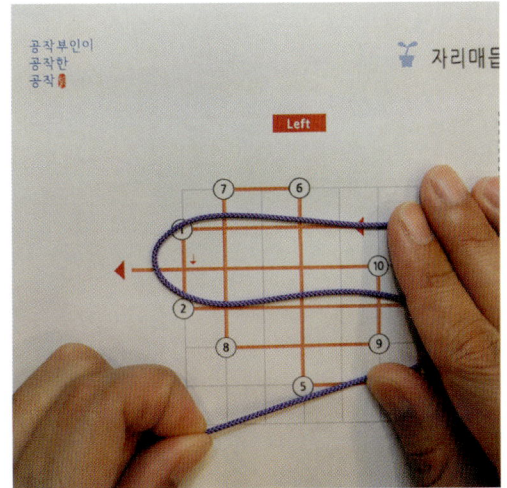

## 04.

처음엔 어려워도 하다보면 손에 익는다.

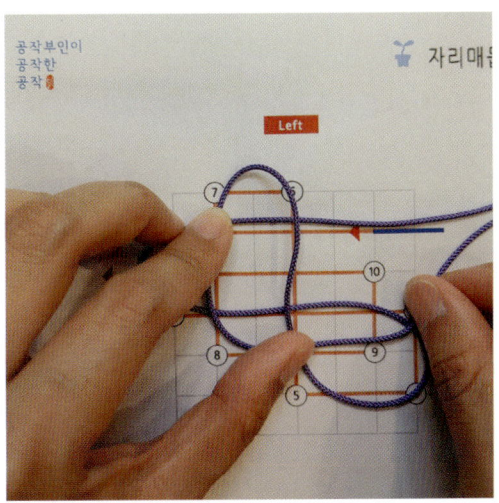

## 05.

❿을 지나서 밖으로 나갈 때는 실 아래쪽으로 내려간다.

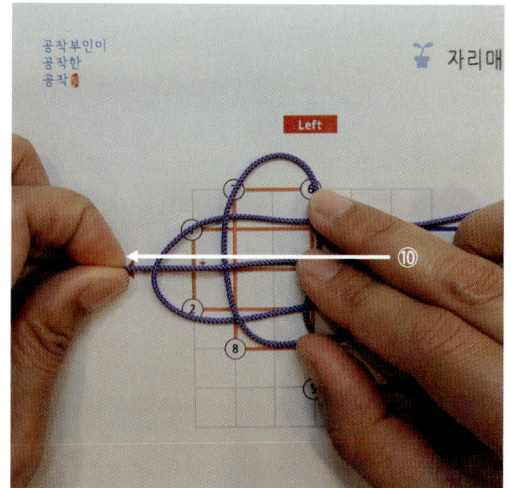

## 06.

이번엔 오른쪽 실을 번호 순서대로 따라끼운다.

> 5번까지 만들어 둔 모양 위에 진행!

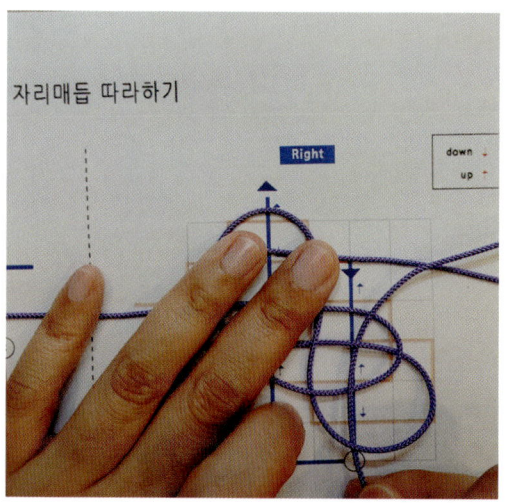

## 07.

위, 아래, 위, 아래를 반복하며 끼운다.

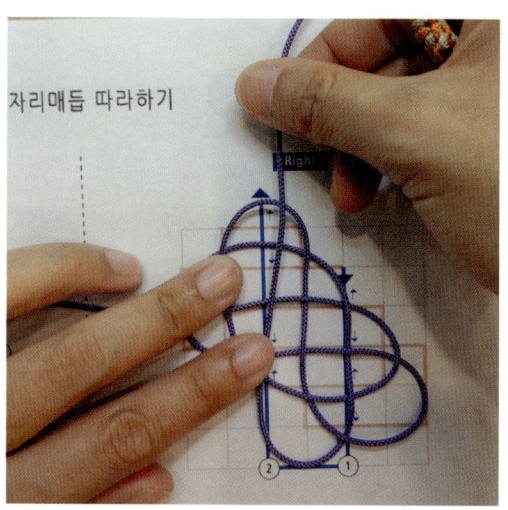

## 08.
답비를 활용하면 훨씬 쉽다.

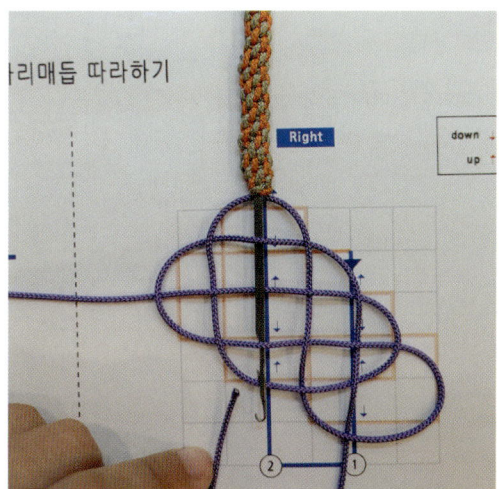

## 09.
짜잔~

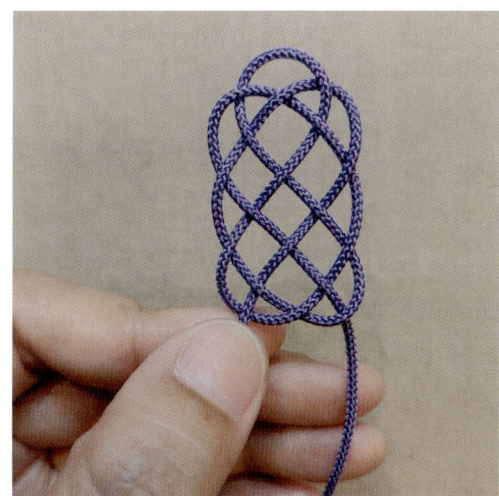

## 10.
사진처럼 check box (4×2cm)에 대고 사이즈를 맞춘다.

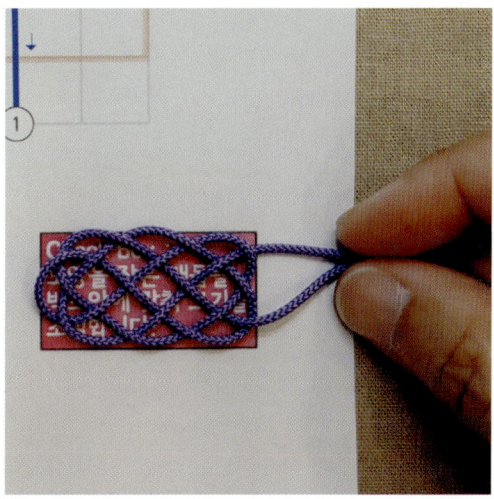

CHECK BOX

## 11.

가락지 만들기(61p)와 같이 실이 서로 만나면서 모양이 하나로 이어진다.

## 12.

이제 남아 있는 실을 이용해 빈 공간을 채운다. 이어진 실을 따라다니며 두 줄 ➡ 세 줄을 채워간다.

## 13.

실 감기는 '가락지매듭(61p), 오벌가락지매듭(69p)' 하던 기억을 되살려 해본다.

**14.**

세 바퀴를 돌렸으면 남은 실을 자른다.

**15.**

재료 ❶ 나머지 한 가닥으로 자리매듭을 하나 더 만든다.

**16.**

작은 구슬을 O링에 연결 후 자리매듭 한쪽에 끼운다.

### 17.

목공풀 또는 글루건으로 두 개의 자리매듭을 붙인다.

### 18.

브로치용 핀은 펠트지 위에 먼저 붙이고 매듭에 고정하면 더 단단하게 부착된다.

### 19.

완성~!

# 마음을 전하는 꽃 한송이

사각끈을 사용해 매화매듭을 맺고 감기매듭으로 포인트를 줬다. 마음을 전하는 글을 하나 적어서 선물해 보는 건 어떨까?

 재 료

❶ 사각끈 100cm
❷ 감기용 실
❸ 옷핀
❹ O링

---

## 01.

재료 ❶로 매화매듭(79p)을 만든다.

> 중심을 표시해 두는 것이 좋다.

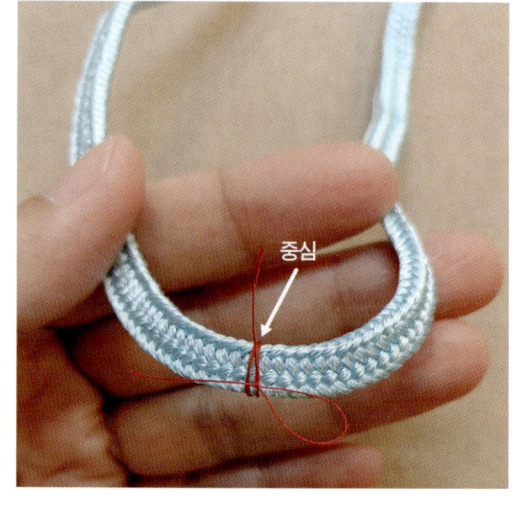

## 02.

두 가지 색으로 충분히 연습했다면 한 가닥의 끈으로도 쉽게 만들 수 있다.

## 03.

사각끈이 꼬이지 않게 잘 펴가며 꽃잎을 줄인다.

# 04.

끝실 두 가닥을 모은 후 위에 감기매듭(183p)을 한다.

← 감기매듭

# 05.

각각의 끈에도 감기매듭으로 포인트!

## 06.

감기매듭 아래 적당한 길이에서 자르기.

## 07.

뒷면에 O링을 활용해 옷핀을 단다.

## 08.

완성!

**09.**

이렇게 엽서에 붙여 마음을 전하기에 좋다.

# 국화 두 송이 목걸이

타이끈(천끈)을 이용해 만든 목걸이로 언발란스한 길이감으로 포인트를 줬다. 타이끈이 주는 따뜻한 느낌과 국화매듭의 사랑스러움이 더해졌다. 어디선가 향긋한 국화 꽃 두송이가 수줍게 피어나고 있는 듯한 목걸이다.

### 재료

❶ 타이끈 210cm
❷ 타이끈 120cm

## 01.

재료 ❶로 국화매듭(86p)을 2개 만든다.

# 02.

끝실 숨기기 : 반대쪽으로 실을 가져오면서 꽃잎 모양을 만들어준다.

# 03.

방향이 다른 꽃잎 아래쪽에서 실을 가져와 숨긴다.

## 04.

자른 실을 매듭 안으로 눌러넣는다.

## 05.

두 개 완성!

# 06.

재료 ❷ 한쪽 끝에 국화 한 송이 달기.

# 07.

번데기 매듭 후 싹둑!

**08.**

재료 ❷를 교차해서 번데기매듭을 한다.

**09.**

재료 ❷의 한쪽 끝에도 국화 한 송이를 달아준다.

**10.**

번데기매듭 후 싹둑~!

## 11.
완성!

저자 협의
인지 생략

### 쉽게 만드는 매듭소품

| | | | | |
|---|---|---|---|---|
| 1판 1쇄 인쇄 | 2021년 2월 1일 | 1판 1쇄 발행 | 2021년 2월 5일 |
| 1판 4쇄 인쇄 | 2025년 10월 25일 | 1판 4쇄 발행 | 2025년 10월 30일 |

지 은 이  김윤정
발 행 인  이미옥
발 행 처  아이생각
정    가  17,000원
등 록 일  2003년 3월 10일
등록번호  220-90-18139
주    소  (04997) 서울 광진구 능동로 281-1, 5층 (군자동 1-4 고려빌딩)
전화번호  (02) 447-3157~8
팩스번호  (02) 447-3159

ISBN 978-89-97466-79-5 (13630)
I-21-02
Copyright ⓒ 2025 ithinkbook Publishing Co., Ltd